평생 공부머리를 결정짓는
뇌 성장 수업

공부 뇌는 만들어진다

노규식
지음

웅진 지식하우스

일러두기
- 이 책에 등장하는 다양한 사례들은 실제 사례를 재구성한 것으로 아이의 이름은 가명을 사용했습니다.
- 이 책의 모든 표기는 국립국어원 표준국어대사전을 따랐으나 통상적으로 널리 사용되는 일부 외래어의 경우 예외를 적용했습니다.

추천의 말

노규식 원장님의 『공부 뇌는 만들어진다』는 아이를 키우는 과정에서 과도한 책임감과 죄책감을 느끼는 부모님들께 아이의 뇌가 어떻게 발달하는지 그 원리를 알기 쉽게 설명해주고, 아이에게 실질적인 도움을 줄 수 있는 방법을 알려드리기 위해 쓰인 책이다.

'공부 뇌'는 유전 요인과 환경 요인의 상호작용으로 형성·발달되는데, 이 두 요인 모두 중요하다. 그러나 이 가운데 우리가 조절할 수 있는 것은 바로 환경 요인이다. 부모로서 아이에게 어떤 환경을 만들어주어야 아이의 기억력, 주의력, 언어-사고 능력과 창의력을 효과적으로 키울 수 있는지를 세심하고 따뜻하게 설명해주는 이 책은 부모님들이 꼭 읽어야 할 필독서다.

— **김붕년**(서울대학교병원 소아청소년 정신과 교수)

노규식 원장님은 우리 부부가 아이들을 키우는 데 중심을 잃지 않도록 이끌어주신 인생 멘토다. 지웅이가 일곱 살이었을 때 〈영재의 비법〉이라는 방송 프로그램에서 처음 만났던 노규식 원장님은 마냥 즐겁게만 아이를 키우던 우리 부부에게 "지금은 분명 좋은 부모이지만, 아이가 공부해야 할 시기에도 좋은 부모일지는 고민해보셔야 한다"는 말을 해주셨다. 그 말은 지금까지도 우리 부부 마음속 깊은 곳에 새겨져 있다.

우리 아이들이 IQ가 좋아서 공부를 잘하는 것이 아니냐고 말씀하시는 분들이 종종 계신다. "공부를 어떻게 시켰나"라는 질문도 자주 받는다. 머리가 좋아서 공부를 잘하는 것이라는 말에 늘 타고난 머리가 좋은 것이 아니라고, 지능과 공부머리는 다르다고 이야기하면서도 논리적으로 설명하기는 쉽지 않았다. 그런데 이 책은 그 질문에 가장 정확하고 명쾌한 답을 준다. 타고난 머리보다 어떻게 배우고 자라는지가 중요하다는 것, 그리고 그것이 충분히 길러질 수 있다는 사실을 알게 될 것이다. ―**정은표**(배우)

수학을 가르치는 교육자로서 읽는 내내 감탄했다. 공부의 본질이 문제 풀이가 아니라 사고의 확장임을 이토록 명확히 보여주는 책이라니! 공부는 타고난 머리가 아니라 '뇌를 얼마나 효과적으로 사용하느냐'에서부터 시작된다. 노규식 원장님의 『공부 뇌는 만들어진다』는 뇌과학의 언어로 아이의 가능성을 새롭게 해석하는 책이다. 공부를 '더 많이'가 아니라 '더 깊이' 하게 만드는 힘, 그 원리가 이렇게 생생하게 전해지는 책은 드물다.

  이 책을 덮는 순간, 우리 부모님들도 마음 깊은 곳에서 두근거림을 느낄 것이다. 그 두근거림은 아이의 뇌가 지금도, 그리고 앞으로도 성장할 수 있다는 믿음에서 비롯된 확신일 것이다.

— **주단쌤**(수학 교육 전문가, 유튜브 〈교집합 스튜디오〉 운영)

아이의 공부머리는
후천적으로도 자라납니다

얼마 전 제 상담실에 초등학교 1학년 민수(가명)와 어머니가 찾아오셨습니다.

"선생님, 애가 집중력이 너무 부족한 것 같아요. 책상에 앉아도 10분을 못 버티고, 문제집도 풀다 말다 해요. 그러다 보니 학원에서도 벌써 뒤처지는 것 아닌가 싶고 이대로 그냥 보고 있기만 해도 되나 싶고 갈피를 못 잡겠어요."

어머니 말씀 속에는 자녀를 사랑하는 마음과 자신이 아이의 미래를 망칠지도 모른다는 걱정이 모두 묻어 있었습니다. 이제는 이런 부모님을 만나는 것이 흔하다 못해 일상이 되어가는 듯합니다. 그런데 검사를 해보니 민수는 또래보다 기억력도 상위 15퍼센트 이상에 속하고, 언어 이해력도 비슷한 수준으로 뛰어난 아이였습니다. 게다가 집중력에도 검사상에서는 문제가 발견되지 않았습니다. 이 역시 이제는 저에게는 놀랍지도 않은 상황입니다. 문제는 아이의 지능이나 집중력이 아니라, 그 능력을 꺼내 쓸 수 있는 뇌의 조건과 생활환경, 마음가짐이 제대로 맞춰져 있지 않았던 겁니다.

상담실을 찾으시는 부모님들의 사연은 제각각 다 달라 보이지만, 결국 비슷한 고민으로 모아집니다.
"우리 아이는 공부머리가 없는 것 같아요."
"다른 집 아이는 잘하는데 우리 아이만 뒤처지는 것 같아요."
"이미 늦은 건 아닐까요?"
저는 이런 말씀을 들을 때마다 늘 안타까운 마음이 듭니다. 아이의 뇌는 지금도 자라고 있는데, 부모님이 먼저 비교하고 평가해서 아이가 펼칠 수 있는 가능성의 문을 닫아버리려 하시기 때문입니다.
저는 오랫동안 뇌과학과 인지 발달, 아동심리를 연구하면서 아이들의 학습과 발달을 지켜봐왔습니다. 그리고 이제는 분명히 말씀드릴 수 있습니다. '공부머리'는 타고나는 게 아닙니다. 공부머리는 뇌의 원리를 이해하고, 그에 맞는 환경을 만들어줄 때 후천적으로 얼마든지 키워낼 수 있습니다.

아이의 뇌는 기억력, 주의력, 언어 능력과 같은 여러 기능을 가지고 있습니다. 그러나 이것이 학습에서 제대로 작동하려면 계획하고, 조직적으로 생각하고, 우선순위를 정하는 것과 같은 고차원적인 기능들이 필요합니다. 그런데, 이게 따로따로 작동하는 건 아니에요. 정서적 안정감, 생활 루틴, 다양한 경험과 학습이 함께할 때 비로소 100퍼센트 힘을 발휘합니다. 결국 부모가 언제, 어떤 환경과 자극을 주느냐에 따라 아이의 학습력이 달라질 수 있습니다. 부모가 바로 최고의 학습 전략가인 이유가 여기에 있습니다.

많은 부모님이 흔히 '좋은 학원, 좋은 교재, 아이의 노력'이 성패를 가른다고 생각하십니다. 물론 노력은 필요합니다. 하지만 뇌가 준비되지 않은 상태에서 억지로 시키는 공부는 아이의 흥미를 꺾고 좌절만 남깁니다. 뿐만 아니라 뇌의 발달에는 역행을 해서 뇌 기능이 발달하는 것을 오히려 방해하는 결과를 낳게 됩니다. 반대로 아이의 뇌 발달 단계에 맞춰 적절한 경험을 제공하면, 노력은 아이를 크게 성장시키는 추진력이 됩니다. 그리고 이것은 고스란히 뇌의 발달, 특히 고차원적 사고 능력의 발달과 동반됩니다.

이 책은 그 점에 집중했습니다.
저는 꾸준히 뇌의 기본 구조와 공부 전략을 소개해왔는데,

이번 책에서는 특히 지금 자라고 있는 알파세대 아이들을 위한 내용들도 포함했습니다. 디지털 기기를 손에서 놓지 않고, 정보의 홍수 속에서 살아가는 요즘 아이들에게는 예전 방식만으로는 충분하지 않습니다. 그래서 최신 뇌과학과 교육학 연구를 토대로, 전통적인 공부법과 디지털 도구를 어떻게 조화롭게 활용할 수 있을지를 더 담았습니다.

책은 크게 세 부분으로 구성돼 있습니다.

1장에서는 우리 아이들이 처한 현실과 부모님들이 흔히 겪는 불안을 같이 이야기해보았습니다. 왜 공부머리를 타고난다고 착각하게 되는지, 왜 우리 아이만 뒤처지는 것 같은 불안이 생기는지 차근차근 짚어봅니다.

2장에서는 뇌의 발달 원리를 풀어 설명하였습니다. 언제 어떤 훈련을 해야 기억력, 주의력, 창의력 같은 능력이 제대로 자라는지 과학적으로 알려드립니다.

3장에서는 부모님이 당장 실천할 수 있는 방법들을 담았습니다. 생활 루틴을 만드는 법, 아이와 대화하는 법, 디지털 기기를 현명하게 쓰는 법, 아이의 호기심을 지켜주는 법 등 구체적인 가이드를 제시해드리고자 했습니다.

"공부머리는 만들어지는 것입니다. 부모가 최고의 학습전략가입니다."

이 말이 더 부담스러우실지도 모르겠습니다. 해야 할 것도 많은 것 같고, 이것들을 잘 못 지키면 그것도 내 책임인 것 같아서 말입니다.

그러나, 이 책은 부모님의 책임을 준엄하게 알리거나 불안함을 키워서 어떤 행동을 이끌어내려고 쓰인 것이 아닙니다. 우리는 모두 아이를 사랑합니다. 아이를 키우는 일이 행복한 일이어야 하는데 교육, 학습에만 들어가면 우리는 모두 너무 무겁고 힘에 겹습니다.

이 책은 불안을 덜어내드리기 위한 책입니다. 현재까지의 뇌과학적, 심리학적 이론과 저의 임상적 경험을 통해 어떻게 하는 것이 우리 자녀의 공부머리를 키울 수 있는지를 알려드리고자 했습니다. 이 책을 통해 인터넷에 넘쳐나고 있는 불안한 이야기들을 제대로 바라보고 평가하실 수 있으실 것입니다.

또한 앞으로 나아가야 할 올바른 학습의 방향에 대해서도 최대한 실제로 해볼 수 있는 방법들과 그에 대한 힌트를 담고자 하였습니다. 오늘 당장 아이와 함께 시도할 수 있는 방법들을 알려드리고 싶었습니다.

혹시 요즘 아이가 공부에 흥미를 잃고 있나요? 집중력이 부족해 보이나요? 다른 아이들과 비교하며 불안한 마음이 드시나요? 그렇다면 이 책은 부모님께 "아직 늦지 않았다"는 확신을

드릴 것입니다. 그리고 아이의 뇌를 제대로 활용할 수 있는 길을 알려드릴 것입니다.

아이의 뇌는 매일매일 자랍니다. 중요한 건 부모님이 그 흐름을 이해하고, 아이에게 제때 필요한 자극과 따뜻한 지지를 해주는 겁니다. 그러면 아이는 부모님의 기대 이상으로 힘차게 성장할 수 있습니다.

아이의 뇌와 공부머리를 저와 함께 차근차근 이해해나가다 보면, 어느 날 아이가 웃으며 스스로 책상에 앉는 순간을 만나실 겁니다. 그날을 기대하며, 지금부터 그 첫 발을 함께 내디뎌 보시죠.

2025년 가을

노규식

차례

프롤로그_아이의 공부머리는 후천적으로도 자라납니다 8

1장. 공부머리의 결정적 순간

공부 잘하는 아이와 못하는 아이, 차이는 뇌에 있다 21
- 공부 잘하는 아이는 뇌를 다르게 사용한다 21
- 공부 뇌는 마음먹는 순간부터 자란다 27
- 부모가 아이의 공부 뇌를 만든다 32

알파 세대 아이들의 갇혀버린 뇌 45
- 집중하지 못하고, 금방 지루해하고, 혼자 있는 아이들 45
- 디지털 네이티브 세대가 직면한 학습의 위협 49
- 아이의 디지털 기기 사용을 제한해야 할까 53
- 더는 어제와 같은 방식으로 공부할 수 없다 57

공부뇌는 만들어진다 65
- 뇌와 공부의 상관관계, 눈으로도 보인다 65
- 뇌 기능을 알아야 공부에 적용할 수 있다 71

공부뇌 발달의 결정적 시기 82
- 학습에도 기초 체력이 필요하다 82
- 인지 능력과 학습의 발달 단계 84
- 공부 뇌 발달의 골든 타임은 언제인가 86

2장. 뇌를 알면 공부 전략이 보인다

뇌와 인지 능력 101
- 학습에도 성장 곡선이 있다 102
- 아이의 학습을 결정짓는 뇌 구조 106

기억력은 공부의 기초 체력 111
- 다양한 경험의 저장 능력, 기억력 111
- 뇌는 다양한 형태로 기억을 저장한다 117
- 기억력을 활용한 학습 전략 123

주의력이 부족한 아이의 뇌는 돌고 있다 128
- 뇌 활동의 전력 스위치, 주의력 129
- 버퍼링에 걸린 뇌 131
- 주의력이 부족한 아이는 '미리 보기'를 하지 않는다 134
- 주의력의 3요소와 잘못된 이해 137

언어 능력과 사고력의 연결고리 144
- 학습의 기초를 결정하는 언어 능력 144
- 언어 발달은 학습 전반에서 중요하다 146
- 평균 1점보다 중요한 문제 해결 능력 153
- 해답은 문해력 156

암기형보다 이해형이 더 오래 공부한다 162
- 상위 1퍼센트 공부 뇌의 비밀 162
- 정서가 흔들리면 사고도 멈춘다 168
- AI 시대, 이해형 학습자에서 비판형 학습자로 172

창의력 높은 아이가 공부도 잘한다 177
- 산만함과 창의력 사이, 진짜 차이를 만드는 것 177
- 아이의 창의력을 키우는 첫 번째 공간, 가정 179
- 창의성을 키우기 위해 필요한 것 184
- 창의성을 키워주는 여러 가지 활동 187

3장. 공부 뇌를 위해 부모가 새겨야 할 것

앞서가는 공부가 아이를 뒤로 물러서게 한다 195
- 선행 학습이 아이를 망친다 195
- 중요한 건 속도가 아니라 균형이다 204
- 아이의 잠재력을 어떻게 발견하고 열어줄까 208

부모의 권력 남용, 아이는 알고 있다 211
- "엄마 때문에 공부가 싫어졌어" 212
- 공부는 부모가 아니라 아이가 하는 것이다 213
- 불안한 마음으로 아이를 채근하면 216
- 기대와 불안이 시험을 망친다 218

부모의 말이 아이의 뇌를 켠다 224
- 어떻게 말해야 아이의 뇌가 켜질까 224
- 공부 이야기, 어떻게 말해야 할까 228
- 질문하는 아이, 생각하는 아이가 똑똑해진다 231

건강한 일상 루틴이 똑똑한 뇌를 만든다 235
- 하루의 리듬, 어떻게 설계할까 235
- 뇌의 순환을 돕는 아침 식사 237
- 자녀의 취침 시간을 앞당겨라 240
- 수면과 주의력의 관계 245
- 생활 루틴이 만드는 똑똑한 뇌 246
- 코로나19가 알려준 집에서 만드는 루틴 훈련법 250

지능지수보다 '정서뇌'를 다독여라 257
- 정서가 무너지면 뇌는 닫힌다 257
- 감정이 흔들리면 학습은 멈춘다 260
- 정서적 안정은 지능지수보다 중요하다 264
- 행복한 마음이 뛰어난 뇌를 만든다 272

에필로그__아이의 무한한 잠재력을 키우는 듬직한 정원사처럼 277

참고자료 281

1장

공부머리의 결정적 순간

공부 잘하는 아이와 못하는 아이, 차이는 뇌에 있다

공부 잘하는 아이는 뇌를 다르게 사용한다

보통, 공부를 잘하는 아이와 그렇지 않은 아이의 차이를 지능(IQ)이나 노력의 정도라고 생각하는 경우가 많다. 하지만 지난 20년간 대치동에서 많은 아이들을 상담하며 아이들의 능력을 다각도로 측정하고 대화를 나누어온 경험에 비추어보면, 우리가 그토록 중요하게 생각하는 지능이나 노력은 공부를 잘하기 위한 결정적인 요인은 아닌 것 같다.

오히려 내가 생각하기에 공부 잘하는 아이들의 가장 큰 특징은 전략적 사고를 하는 능력이 우수하다는 것이다. 전략적 사고란 복잡한 상황을 명확하게 이해하고 효과적인 해결책을 찾아내는 능력으로, 주로 뇌의 전두엽에서 여러 가지 실행 기능을 통해 이루어진다. ==전략적 사고의 핵심 요소는 계획 세우기, 조직화하기, 우선순위 정하기, 점검하기, 기억하기, 유연하게 생각하기로 나눌 수 있다.==

'계획 세우기'는 목표를 설정하고 목표 달성을 위한 단계별 계획을 수립하는 것으로, 우리가 원하는 결과를 효과적으로 얻기 위해 필수적인 과정이다. 예를 들어, 시험 준비를 위해 주간 학습 계획을 세우는 것이 이에 해당한다.

'조직화하기'는 여러 가지 정보를 체계적으로 정리하여 쉽게 이해하고 사용할 수 있도록 하는 능력이다. 정리된 정보는 더 나은 의사결정과 문제 해결에 도움이 된다. 예를 들어, 프로젝트를 진행할 때 필요한 자료를 적절히 분류하고 정리하여 쉽게 접근할 수 있도록 하는 것이 이에 해당한다.

'우선순위 정하기'는 중요한 것과 덜 중요한 것을 구별하여 중요한 일에 더 많은 시간을 투자하는 것이다. 이는 효율적인 시간 관리를 가능하게 한다. 예를 들어, 시험 기간 동안 중요한 과목에 더 많은 시간을 할애하는 것이 이에 해당한다.

'점검하기'는 자신의 학습 과정이나 작업 진행 상황을 지속적으로 확인하고 필요한 경우 수정하는 능력으로, 목표 달성을 위한 진행 상황을 추적하고 개선할 수 있도록 한다. 예를 들어, 공부한 내용을 복습하고 틀린 부분을 확인하여 다시 학습하는 것이 이에 해당한다.

'기억하기'는 중요한 정보를 장기 기억으로 저장하는 데 기초가 되는 능력으로, 이는 학습의 효율성을 높이는 데 중요한 역할을 한다. 예를 들어, 중요한 개념이나 공식을 이해하기 위해 필요한 내용들을 불러오고 활용하는 능력이 이에 해당한다.

'유연하게 생각하기'는 새로운 정보나 상황에 적응하고 창의적으로 문제를 해결하는 능력으로, 다양한 관점에서 문제를 바라보고 해결책을 찾을 수 있게 한다. 예를 들어, 예상치 못한 문제가 발생했을 때 다른 방법으로 접근하여 해결하는 것이 이에 해당한다.

전략적 사고 능력이 뛰어난 아이들의 3가지 특징

이러한 실행 기능들은 전략적 사고를 형성하는 기초가 되며, 이를 통해 학습과 문제 해결에서 뛰어난 성과를 거둘 수 있다. 전략적 사고는 단순한 암기와는 달리 깊이 있는 이해와 창의적 문제 해결을 가능하게 한다. 공부 잘하는 아이들의 전략적 사고 능력은 크게 3가지 측면에서 두드러지게 드러난다.

첫째, 학습 목표를 명확히 설정하고 우선순위를 잘 정한다.

초등학교 5학년 민우는 숙제를 시작하기 전에 오늘 해야 할 일을 공책에 먼저 적는다. 그리고 가장 먼저 해결해야 할 게 무엇인지 고른다. 시험이 가까우면 암기 과목 공부를 먼저 하고, 모둠 활동 발표가 있으면 발표 준비를 앞세운다. 단순히 쉬운 것부터 하는 것이 아니라 목표와 상황에 따라 스스로 우선순위를 정했다. 민우는 "지금 뭘 먼저 해야 할지를 생각하면 마음이 좀 정리돼요"라고 말했다. 공부뿐 아니라 학급 일이나 친구와의 약속도 그렇게 정리해 행동에 옮기는 민우의 모습이 인상적이었다.

이처럼 자라면서 목표에 따라 우선순위를 정하고 스스로 판단하며 공부하는 습관이 쌓이면, 중학교나 고등학교처럼 해야 할 일이 많고 복잡한 환경에서도 흔들리지 않는다. 시간은 누구에게나 똑같이 주어지지만, 어떤 일을 먼저 해야 할지 아는 아이는 더 중요한 것에 집중할 수 있고 실수도 줄어든다. 그래서 성적이 오를 뿐 아니라 마음에 여유도 생기고, 스스로 공부를 조절하는 힘이 자란다. 이런 힘은 성인이 되어서도 일을 계획하고 실행할 때 큰 도움이 된다.

==둘째, 새로운 정보를 기존 지식과 연결하여 체계적으로 이해하는 능력이 탁월하다.==

초등학교 3학년 수아는 오늘 수학 시간에 사각기둥을 배웠다. 집에 와서 엄마에게 사각기둥 그림을 보여주며 말했다.

"엄마, 이거 그때 봤던 피라미드랑 비슷한데 조금 달라! 엄마는 그게 뭔 거 같아?"

엄마가 "어떻게 다른데?" 하고 묻자, 수아는 손가락으로 사각기둥을 가리키며 설명했다.

"이건 위에도 네모고 아래도 네모인데, 피라미드는 위가 뾰족하잖아. 그래서 피라미드는 꼭대기가 하나고, 사각기둥은 평평해서 물건 올려놓기 좋아."

수아는 사각기둥을 배우며 지난번 가족과 함께 역사 영상에서 본 피라미드를 떠올렸다. 수아는 이렇게 전에 본 것을 떠올리며 지금 배우는 내용을 비교해보며 배우는 걸 더 재미있어하는 아이였다. 수아처럼 단순히 외우기보다는 이미 알고 있는 지식을 토대로 새로운 내용을 정리하는 아이는 복습을 자주 하지 않아도 배운 내용을 오래 기억한다. 이렇게 스스로 지식의 구조를 만들어가는 아이는 학년이 올라갈수록 학습 속도도 빨라진다.

==셋째, 자신의 학습 과정을 지속적으로 점검하고 개선한다.==

전략적으로 사고하는 아이들은 배운 것들을 실생활에 효율적으로 적용하는 방법을 알고 있으며, 문제를 해결하는 데에도 체계적으로 접근한다.

초등학교 4학년 나현이는 영어 시간에 'watch'와 'look'이 헷갈려서 문제를 틀렸다. 나현이는 그냥 넘기지 않고 공책에 다시 적으며 혼잣말을 했다.

"'watch TV'는 TV가 움직이니까 'watch'가 맞고, 그냥 볼

때는 'look'이라 그랬지……."

나현이는 그날 집에 와서 영어 복습 노트에 'watch TV / look at the sky'라고 적고, 그림까지 그려 넣었다. 스스로 정리하면서 외우는 편이었다.

며칠 뒤, 나현이는 가족과 저녁을 먹다가 창밖을 보며 불쑥 말했다.

"Mom, look at the sky! It's so pink!"

엄마가 "우와~" 하고 놀라자, 나현이는 "하늘을 보는 건 'look'이지. 하늘은 움직이지 않잖아!"라며 웃었다.

나현이는 틀린 걸 그냥 외우는 게 아니라 이유를 찾아 정리하고, 실제로 쓸 수 있는 상황에서 써보기도 했다. 그래서 시간이 조금 걸려도 자기가 진짜 아는 영어 단어가 하나씩 늘어갔다.

공부 뇌의 엔진, 열정과 끈기

전략적 사고 다음으로 중요한, 공부 잘하는 아이의 특징은 바로 열정과 끈기다. SBS에서 방영되었던 TV 프로그램 〈영재발굴단〉의 사례들을 분석해보면 이러한 특징이 더 뚜렷하게 드러난다. 공부를 잘하는 아이들은 자신이 좋아하는 것에 하루 몇 시간씩을 투자하는 것은 기본이고, 다른 사람들이 보기에는 별 차이도 없어 보이는 작은 차이를 알아내거나 만들어내는 데에 강한 집중력을 보인다. 이러한 열정과 끈기가 전략적 사고 능력과 만나면 엄청난 폭발력이 생기는 것을 자주 볼 수 있었다.

〈영재 발굴단〉에서 만났던 한 아이는 종이 박스로 축구 게임기(막대기에 축구 선수 모양을 여러 개 연결한 막대를 움직이면서 하는 게임기)를 만들었다. 무척 정교하고 작동도 잘 하는 게임기였다. 그런데 그것 말고도 비슷하게 생긴 축구 게임기가 3대나 더 있는 점이 눈길을 끌었다. 그래서 아이에게 "왜 똑같은 걸 여러 개 만든 거야?"라고 물었다. 그러자 아이는 "아니에요. 같지 않아요"라고 하면서 각 게임기마다의 성능 차이와 자신이 어떻게 개선시켰는지에 대해서 신나게 설명해주었다.

이 어린이가 영어나 수학에 몰두하지 않는다고 해서 아이의 미래를 함부로 단정할 수 없다. 결국 이러한 열정적 끈기가 그 어린이 속에 있는 잠재력과 능력을 키워서 활짝 꽃피울 것이기 때문이다.

공부 뇌는 마음먹는 순간부터 자란다

부모님들에게 '공부 뇌'라는 것이 따로 있냐는 질문을 자주 받는다. 아이가 공부를 잘 못하면 "우리 애는 공부머리가 없나?"라고 생각하는데, 여기서 말하는 '공부머리'는 많은 경우 아이가 타고난 지능을 가리킨다. 부모님들은 '엄마나 아빠가 공부를 못해서 우리 아이도 못하나보다'라고 생각하거나 '아들 머리는 엄마를 닮는다던데……' 하는 식으로 여기는 경우가 많은 것 같다.

더 안타까운 것은 아이의 재능과, 훈련으로 갖춘 기술을 구분하지 못하는 경우다. 대표적인 예가 수학 연산 능력이나 단어 암기 능력을 아이의 공부 재능의 척도로 여기는 것이다. 차라리 아이가 얼마나 집요하고 끈기가 있는지가 공부에 중요한 것 같다고 보는 견해는 그래도 일리가 있다. 부모가 원하는 것에 그 끈기를 발휘하는가는 별개이지만.

그러나 수많은 오해와는 달리 공부 뇌는 후천적으로 길러질 수 있다. 부모가 아이의 뇌 발달 시기에 알맞은 환경을 제공하고 적절한 개입을 통해 충분히 발달시키는 것이 가능하다. 물론 유전적인 영향과 그 한계가 아주 없는 것은 아니지만, 공부 뇌는 선천적인 능력이라기보다는 후천적으로 계발되는 인지 능력이라 자신 있게 말할 수 있다. 우리 뇌는 신경가소성(neural plasticity)이라는 능력을 가지고 있기 때문이다.

> **신경가소성이란?**
> 뇌가 자극이 되는 정도에 따라 변화하고 적응할 수 있는 능력으로 학습·기억·회복에 핵심적이다.

초등학교 2학년 주호는 책상에 앉으면 금방 연필을 돌리거나 바닥에 떨어진 지우개를 줍고, 책장을 팔랑거리느라 자세가 흐트러지곤 했다. 집중하겠다는 마음은 있지만 그 마음을 지키는 건 늘 어려워했다. 그래서 나는 주호에게 직접 '오늘 할 일'을 정해보게 했다. 순서도 주호가 스스로 만들도록 했다.

"제일 먼저 단어 3개 외우기. 그다음 20분 쉬기, 마지막으로는 그림 일기 쓰기로 할래요."

조금 엉뚱한 순서였지만 그건 중요한 문제가 아니었다. 처음에는 잘 지키지 못하는 날도 있었지만 점점 성공하는 날이 많아지기 시작했다. 외우는 단어의 수도 늘고 하루에 해내는 과제의 수도 늘어갔다.

그렇게 며칠이 지난 어느 날이었다. 주호는 숙제를 하다가 갑자기 화들짝 놀라며 외쳤다.

"내 장난감이 없어졌어!"

하지만 이내 책상 위를 바라보며 말했다.

"지금은 이거 먼저 하고, 그다음에 같이 찾아요!"

주호는 숙제를 다 할 때까지 자리를 지켰다.

이건 단순히 주호의 집중력이 좋아졌다는 의미가 아니다. 주의력은 한 곳에 '고정'되는 능력이 아니라, 흐트러진 주의를 스스로 다시 되돌리는 회로가 뇌 안에서 자라나는 과정이다. 이처럼 작고 반복되는 성공의 경험이 쌓일 때, 전전두엽의 회로는 점점 더 유연하고 안정된 방향으로 재조직된다.

이것이 바로 신경가소성이 만들어내는 주호의 성장이다. 뇌는 '이 회로는 쓸 만하다'라고 판단한 것을 유지하고 강화한다. 즉, 주호가 스스로 주의를 조절해본 경험 하나하나가 뇌 속의 연결을 실제로 바꾸고 있는 것이다. 그렇게 아이는 점점 더 자기주도적으로 사고하고, 감정과 행동을 조절하는 방향으로 자라난다. 뇌 신경이 이끄는 성장, 그것이 주호에게 지금 일어나고 있는 진짜 변화였다.

공식이 아니라 경험이 공부 뇌의 씨앗이 된다

후천적으로 공부 뇌를 발달시켜주기 위해서는 특히 아이의 관심사를 바탕으로 한 지속적인 학습 경험과 체계적인 훈련이 매우 중요하다. 여기서 말하는 훈련은 단순한 반복 학습이 아닌, 전략적 사고력을 키우고 공부 뇌를 발달시키는 체계적인 접근 방식을 의미한다.

공부를 잘 못하고 공부에 흥미가 없는 것은 아이에게 공부 머리가 없어서가 아니다. 대부분의 경우, 아이에게 맞는 적절한 학습 방법을 찾지 못했거나 아이의 성공 경험이 부족하기 때문이다. 내가 만났던 정우는 그런 아이였다. 초등학교 4학년 정우는 수학 문제를 풀 때마다 한숨부터 쉬었다.

"도대체 이걸 왜 배워야 해요? 이건 나중에 어디에 써요?"

개념을 외우고 공식에 대입하는 방식은 정우에게 아무런 동기도 부여해주지 못했다. 하지만 정우는 과학 시간이나 집에서 물건을 만드는 활동을 할 때면 눈빛이 반짝였다. 종이상자와 고무줄, 빨대를 이용해 구조물을 만들 때면 몇 시간이고 집중했고, 친구들에게 "이건 이렇게 하면 더 튼튼해져"라며 스스로 설명까지 했다. 나는 그런 정우에게 수학 문제 대신 새로운 미션을 던졌다.

"네가 만든 구조물이 무너지지 않으려면 각 기둥 사이의 간격을 똑같이 맞춰야 해. 자, 이건 몇 센티미터로 해야 할까?"

처음엔 귀찮아하던 정우도 직접 자를 들고 재기 시작했다. 숫자를 맞춰보면서 "이렇게 하면 훨씬 안정적이네!"라며 재미있어 했다. 이후 정우는 길이, 각도, 넓이 같은 수학 개념을 '문제'가 아닌 '도구'로 인식하기 시작했고, 교과서 수학 문제도 예전보다 훨씬 수월하게 받아들였다.

==공부 잘하는 아이는 떡잎부터 다르다는 말만 믿고 아이를 공부하는 기계로 만들거나 아이의 잠재력을 판단하는 건 옳지 않다.== 기운차고 활발한 아이, 공상을 잘하는 아이, 심지어 산만한 아이도 뭐든 잘 배우고 공부도 잘하는 아이로 자랄 수 있다. 중요한 것은 어른들의 틀에 자라나는 아이를 꽉 맞게 가두지 말아야 한다는 점이다.

부모가 아이의 공부 뇌를 만든다

자녀의 공부에 관심이 많고 열정을 쏟는 부모님들은 많지만, 그렇다고 모든 아이가 공부를 잘하는 것은 아니다. 공부를 곧잘 하는 아이들의 부모님들과 만나서 대화해보면 아이가 호기심과 열정을 가지고 끈기 있게 주도적으로 공부할 수 있는 환경, 그런 텃밭을 만들어주는 것에 더 노력을 기울이고 있다는 인상을 받는다. 그런 부모님들의 특징을 정리해 보면 다음과 같다.

아이의 호기심을 존중하고 지원해주기

부모 상담을 하다 보면 종종 이런 말을 듣는다.

"아이가 계속 '왜? 왜? 왜?' 하고 물어요. 솔직히 너무 반복되니까 짜증날 때도 있어요."

나는 그럴 때 이렇게 말하곤 한다.

"그건 뇌가 지금 연결을 만들고 있다는 신호예요. 아이가 질문을 멈춘다는 건 그 연결이 멈췄다는 뜻일 수 있습니다."

아이들의 질문은 단순한 호기심이 아니다. 그건 뇌가 세상을 해석하고, 자신만의 인과 관계를 만들고, 회로를 조직하려는 적극적인 시도다. 뇌는 되묻고 확인하고 실수하고 다시 관찰하는 과정을 통해 신경연결망을 확장시킨다. 그런 점에서 하랑이 부모의 태도는 매우 인상적이었다. 유치원생 하랑이는 물건이 어떻게 움직이는지, 하늘의 색이 왜 변하는지, 그리고 사람들이 왜 웃거나 울거나 화를 내는지를 끊임없이 물었다. 그럴 때마다 하랑이 엄마는 하랑이가 흥미로워할 만한 방식으로 설명해주었다.

"왜 물이 끓으면 꼭 김이 나요? 왜 뚜껑이 움직여요?"

찌개가 끓는 냄비를 보며 하랑이가 묻자, 엄마는 투명한 유리컵을 가지고 와서 뜨거운 물을 붓고, 그 위에 찬 접시를 엎어놓았다. 그리고 하랑이와 함께 물컵을 지켜보며 1~2분쯤 기다렸다. 잠시 후, 접시 안쪽에서 '톡톡' 물방울이 맺히는 모습이 보였다. 하랑이의 눈이 동그래졌다.

"우와! 물이 밖으로 튄 거야?"

"아니, 이건 물이 '김'이 됐다가 다시 물로 돌아온 거야. 아까 냄비에서 나던 하얀 김이랑 똑같은 거야."

엄마는 손에 물방울을 묻혀 보여주며 설명했다.

"물이 뜨거우면 하늘로 올라가. 그게 김이야. 그런데 위에 있는 접시는 차가우니까, 김이 다시 물이 돼서 떨어진 거야."

"그럼 김도 진짜 물이구나!"

하랑이는 몇 번이고 접시를 들었다 놨다 하며 물방울을 관찰했다. 그날 저녁, 하랑이는 욕실에서 김이 서린 거울을 보며 말했다.

"엄마, 이것도 김이 물이 된 거 맞지?"

이 짧은 관찰과 대화 속에서 하랑이는 단순히 '김이 나온다'는 현상을 넘어서 '기화 → 응결 → 순환'이라는 과정을 직관적으로 체험한 것이다. 정답을 먼저 외운 게 아니라 실험을 통해 뇌가 스스로 '이유'를 만들기 시작했다.

아이와 함께하는 이런 놀이는 아이의 뇌가 예측하고 관찰하고 수정하는 고차적 인지 회로를 구성하는 과정이 되어준다. 특히 부모가 정답을 빨리 알려주는 대신 아이의 질문을 탐구로 유도할 때, 아이는 '나는 궁금해도 되는 존재구나', '나는 스스로 알아낼 수 있는 힘이 있구나'라는 감각을 형성한다. 이 감각은 나중에 학교에서 어려운 문제를 만났을 때, 단순히 '외워야 하는 과목'으로 수업을 대하는 아이와 '탐색하고 연결하며 이해하는 방식'으로 배움을 해석하는 아이 사이의 가장 큰 차이를 만들어낸다.

질문을 기다려주는 부모, 탐구의 흐름을 통제하지 않고 아이와 나란히 서는 부모. 그런 부모 밑에서 자라는 아이는 학습의 자율 회로가 일찍부터 자라기 시작한다. 그리고 이 회로는 시간과 반복을 통해 정교해지고, 결국엔 자기주도적 사고, 감정 조절, 문제 해결력이라는 복합적 능력으로 연결된다.

아이의 질문은 그 자체로 뇌에서 회로가 자라나고 있다는 신호다. 이 시기에 반복되는 질문은 불안정한 연결을 더 안정적으로 만들기 위한 뇌의 반복 연습이기도 하다. 그런데 많은 부모가 아이의 질문을 지식의 부족으로 오해하거나, 반복됨에 피로를 느껴 그저 '답해주는 것'에만 집중하거나, 때로는 "그만 좀 물어봐"라고 반응하기도 한다. 하지만 이런 대응은 아이의 뇌가 스스로 구조화하려는 흐름을 단절시킨다. 아이는 질문이 받아들여지지 않을 때 더 이상 묻지 않으며 외부 자극을 억제하는 쪽으로 뇌를 훈련시켜버린다. 결국, 사고 회로가 확장되기보다 방어적으로 접히는 결과를 낳는다.

아이의 질문에 함께 고민하고 탐구하기

아이의 호기심은 정답보다 과정을 존중받을 때 가장 깊이 자란다. 아이가 질문할 때 곧바로 설명하거나 훈계하기보다는 "정말 흥미롭다", "우리 그거 같이 해볼까?", "그럼 어떻게 되는지 한번 보자"와 같이 탐색으로 이어질 수 있는 질문으로 다시 되돌려주는 것이 중요하다. ==부모가 아이의 호기심에 함께 머무르며 탐색을 지지하는 동료로 존재할 때, 아이의 뇌는 훨씬 더 정교하게 신경회로를 확장시킬 수 있다.==

그런데 많은 부모가 여전히 정답 중심의 교육 패러다임 속에 머물러 있다. 질문이 들어오면 정확한 설명을 해줘야 한다고 느끼고, 정보를 빠르게 제공하지 못하면 불안해한다. 혹은 반복되는 질문에 짜증을 내거나 정확하고 논리적으로 설명해주기 어려운 질문엔 "나중에 알려줄게", "몰라도 돼" 하고 넘어가버리기도 한다. 그러나 부모의 이런 반응은 결과적으로 아이의 질문을 억제하는 결과를 가져온다. 아이의 호기심 회로는 점차 약화되고, 자기주도적 탐색은 줄어들게 된다.

"그건 왜 궁금했어?", "너는 어떻게 생각해?", "같이 해볼까?" 같은 부모의 말은 아이에게 탐색의 주도권을 되돌려주는 언어다. 이때 아이의 뇌는 정보를 수동적으로 받는 것이 아니라 자신이 주도한 방향으로 연결을 구성하고 확장하는 방식으로 작동한다. 특히 "어떻게 생각하니?"라는 질문은 사고의 가지를 펼치게 하고, 뇌의 고차원적 사고 영역을 자극한다.

관찰과 실험도 거창할 필요가 없다. 일상 속 물방울, 햇빛, 냉장고의 김 서림, 강아지의 꼬리 움직임이 아이에겐 모두 궁금하고 재미있는 실험 재료가 될 수 있다. 중요한 건 아이가 그 장면에 오래 머무를 수 있도록 도와주는 것이다. 부모가 보여주는 지지와 기다림은 아이가 궁금한 것을 질문할 수 있는 내면의 공간을 지켜준다.

부모의 태도와 말투는 아이에게 가장 강력한 정서적 피드백으로 작용한다. 아이가 질문을 했을 때 눈을 마주치고 고개를 끄덕이며 "오, 그런 생각을 했구나"라고 반응하면 아이의 정서 회로는 안정되고 다음 질문을 위한 회로가 열린다. 반대로 무표정하거나 단답형, 혹은 무시하는 태도로 반응하면 아이의 뇌에 "이 탐색은 가치 없는 것이다"라는 신호를 줄 수 있다.

또한, 호기심은 멈춰 있는 게 아니라 '계속 이어질 수 있는 구조' 속에서 더 자란다. 아이의 질문이 끝나면 그 여운을 받아 줄 수 있는 여유가 필요하다. 질문이 이어지기 위해서는 공간, 시간, 반응과 같은 상황이 뒷받침돼야 한다. 부모가 바쁜 와중에도 "기억해뒀다가 저녁에 같이 해보자", "그건 진짜 재밌는 생각인데 내일 한번 실험해볼까?"라고 반응하는 순간, 뇌는 질문을 보류한 채 회로를 유지하게 된다. 그것이 바로 신경가소성이 작동할 수 있는 조건이다.

결국, 아이의 질문에 어떤 반응으로 되돌려주느냐는 단지 교육 방식의 문제가 아니라 아이의 뇌에 탐색과 연결의 회로를 허용할 것인가 억제할 것인가를 결정하는 행위다. 그리고 이 반복되는 반응이 쌓일수록 아이는 점점 더 스스로 질문을 만드는 사람으로 자라나게 된다.

다시 말하지만 부모는 모든 질문에 완벽한 대답을 할 필요가 없다. ==필요한 것은 답을 아는 능력이 아니라 질문을 살아 있게 만드는 태도다.== 그 태도 속에서 아이의 뇌는 안전하게 확장되고, 질문은 사고로, 사고는 탐구로 이어진다. 아이의 지적 성장은 거대한 변화가 아니라 부모가 던지는 작은 반응 하나하나에서 시작된다는 것을 기억하자.

실패를 두려워하지 않는 환경 만들어주기

초등학교 3학년 민준이는 평소 블록과 조립 장난감을 좋아하고, 뭔가를 손으로 만들어 움직이게 하는 활동에 특히 몰입하는 아이였다.

어느 날 민준이는 작은 풀백 미니카를 가지고 놀고 있었다. 미니카를 바닥에 놓고 뒤로 당겼다가 손을 떼자 차가 '쌩' 하고 나가다가 벽에 부딪혀 멈췄다.

"이 차가 다시 돌아오면 좋겠는데……."

엄마는 그 말에 힌트를 얻어 민준이에게 제안했다.

"그럼 차가 다시 출발점으로 돌아올 수 있는 길을 만들면 어때? 네가 놀이동산처럼 직접 코스를 만들고, 차를 실험해보는 거야."

민준이는 곧바로 박스, 휴지심, 종이컵, 테이프로 큰 판 위에 트랙을 만들기 시작했다. 처음에는 단순한 직선 경주로를 만들었다. 하지만 차가 너무 빨라 금방 멈춰버렸고, 방향도 제멋대로 틀어졌다.

"생각보다 빨리 끝나네……. 곡선이 있어야 돌아올 수 있을 것 같아."

민준이는 곡선을 만들기 위해 종이컵을 반으로 잘라 측면 벽처럼 붙이고, 차가 옆으로 미끄러지지 않게 테두리를 높였다.

하지만 첫 번째 곡선을 돌던 차가 밖으로 튕겨 나갔다.

"너무 짧구나. 이 속도면 이렇게 바로 못 꺾어."

민준이는 커브 반경을 넓혀가며 차가 회전할 수 있는 최소한의 길이를 반복해서 실험했다. 조금씩 넓혀보기도 하고, 더 급하게 해봤다가 다시 줄이기도 하며 그 안에서 직접 속도, 회전 반경, 마찰력을 '느끼며' 조정했다.

다음엔 경사로를 만들었다. 출발 지점에서 차를 당겨 출발시키고, 낮은 경사를 통과해 커브를 돌고, 다시 작은 언덕을 올라 출발점 근처로 돌아오는 루프를 만들려고 했다. 하지만 언덕이 너무 높아 차가 올라가지 못하거나 경사가 너무 급해서 트랙 중간에서 차가 중심을 잃고 옆으로 넘어졌다.

"이 정도 높이면 겨우 올라가긴 하는데 방향이 틀어져. 그럼 앞에서 조금 속도를 줄이는 언덕을 넣어볼까?"

민준이는 점점 길이와 높이의 비율, 속도 변화, 진입각 조절에 대해 자신의 말로 표현하고 실험하며 트랙을 조정해나갔다.

민준이가 장난감 차를 가지고 놀면서 시도한 모든 과정은 뇌가 문제를 인식하고, 다양한 가설을 세우고, 신체와 도구를 활용해 해결책을 탐색하는 고차원적 사고의 실험 과정이었다. 무엇보다 중요한 건, 민준이가 실패를 전혀 두려워하지 않았다는 점이다.

"어? 안 되네. 이게 문제인가? 다음엔 이렇게 바꿔봐야지."

이런 말들은 자신이 스스로 시도하고 바꿀 수 있다는 믿음, 즉 내적 통제감과 인지적 회복탄력성의 표현이었다.

이런 놀이를 통해 민준이는 교과서에서 나오는 속도, 거리, 곡선, 경사각 같은 개념을 자신의 몸과 눈, 손으로 직접 느끼며 뇌 회로로 새겼다. <mark>다양한 실험과 조정, 실패 후 재설계를 반복하는 동안 뇌는 연결을 바꾸고 확장한다. 이때 학습은 곧 움직이는 경험의 구조가 된다.</mark>

민준이처럼 흥미 기반의 놀이가 정서적으로 안정된 환경에서 존중받을 때, 아이는 실패를 피하지 않고 문제를 반복적으로 구성하며 학습한다. 그리고 "이건 내가 해본 거야", "한 번에 안 돼도 다시 하면 돼"라고 말하며, 스스로 배우고 성장할 수 있는 아이로 자라난다. 놀이를 허용한 부모의 기다림, 그것이 아이의 사고를 입체적으로 설계하는 가장 깊은 교육이다.

아이의 흥미를 유지해주는 3가지 방법

자녀의 흥미를 유지하고 실패에도 포기하지 않는 역량을 키우기 위해서는 특히 다음의 3가지를 기억하자.

<mark>첫째, 아이의 실패를 아이 자체의 능력이나 정체성과 연결하지 않는다.</mark> 실패한 순간, 아이들은 "나는 못해", "나는 수학이 약해", "나는 원래 이런 걸 잘 못하는 사람이야"라는 식의 자기

해석을 만들어낸다. 이때 부모가 "역시 너는 손으로 하는 건 약하구나", "봐, 또 실패했지?" 같은 반응을 보이면, 실패는 아이에게 단순한 경험이 아니라 자신의 본질을 정의하는 사건이 된다. 반대로, "이 방식은 잘 안 된 것 같네. 다른 방법을 같이 찾아볼까?"와 같은 말은 실패를 전략의 일부, 또는 과정 속의 일시적인 상황으로 인식하게 도와준다. 부모의 이러한 언어는 아이가 문제 상황을 자신과 분리시켜 인식하고, 보다 유연하게 다음 선택지를 고민할 수 있는 사고의 틀을 만들어준다.

둘째, 결과보다는 시도와 탐색, 수정의 움직임에 주목해야 한다. 실패는 대부분 결과에서 나타나지만, 뇌는 그 이전의 시도와 판단 과정에서 발달한다. 따라서 부모가 평가하거나 격려할 때도 '잘했어' 또는 '틀렸어'처럼 결과 중심이 아니라 "이번에는 곡선을 넓히려고 했구나", "속도가 너무 빨랐다는 걸 네가 먼저 눈치챘네"처럼 아이의 관찰과 시도의 흔적을 구체적으로 언어화해주는 태도가 중요하다. 이런 언어는 아이가 스스로 시도해본 문제 해결 과정을 정교하게 기억하게 만들고, 그 기억은 다음 시도의 전략적 기반이 된다. 결국 학습은 정답의 누적이 아니라 실패 속의 반복적 탐색에서 더 깊어지는 것이다.

셋째, 실패 직후의 감정보다 실패를 인식하기 전의 고민과 탐색에 초점을 맞추어야 한다. 아이가 "이건 안 돼", "다 틀렸어"라고 말하기 전에 치기 왜 멈췄는지, 곡선에서 왜 튕겨 나갔는지 고민했던 부분을 부모가 기억하고 반응해주는 것이 더 효과적이다. "차가 옆으로 튀어나간 건 네가 미리 걱정했던 부분이지?"와 같은 말은 아이의 사고 흐름을 부모가 지켜보고 있었다는 신호이자, 실패 자체보다 그 이전의 사고 활동이 중요하다는 메시지로 작용한다. 이러한 반응은 아이가 실패 자체에 매몰되지 않고 그 전에 스스로 고민했던 과정을 중심으로 자신의 역량을 다시 해석할 수 있게 해준다.

핵심 정리

1. 공부 잘하는 아이의 핵심은 전략적 사고 능력이다.

지능이나 노력보다 복잡한 상황을 분석하고 해결책을 찾는 '전략적 사고' 능력이 공부 성취의 결정적 요소다. 이는 전두엽의 실행 기능(계획, 조직화, 우선순위 정하기, 점검, 기억, 유연한 사고)을 기반으로 작동한다.

2. 전략적 사고 능력이 뛰어난 아이는 체계적으로 공부한다.

공부 잘하는 아이는 '무엇을 먼저 할지'를 스스로 판단하고 실천한다. 또한 새로운 지식을 기존 지식과 연결해 구조화하고, 학습 과정을 점검하고 개선한다. 과거 경험과 지식을 토대로 새로운 내용을 비교·통합하여 학습 효율을 높이고 기억을 오래 지속시킨다.

3. 열정과 끈기가 전략적 사고 능력과 결합해 폭발력을 만든다.

공부 잘하는 아이들은 좋아하는 일에 깊이 몰입하고 집요하게 개선한다. 열정과 끈기가 학습력과 만나면 학습에서 성취를 높이고 잠재력을 크게 끌어올린다.

4. 공부 뇌는 선천적인 것이 아니라 후천적으로 발달한다.

흔히 '공부머리'를 타고난 지능으로 여기지만, 실제로는 뇌의 신경가소성 덕분에 환경과 경험을 통해 충분히 성장시킬 수 있다. 집중력과 자기조절력도 반복 경험으로 회로가 재조직되며 강화된다.

5. 공부 뇌 발달의 씨앗은 공식이 아니라 '경험'과 '동기'다.

단순 암기나 공식보다 아이의 관심사 기반의 학습 경험이 효과적이다. 공부 뇌는 적절한 환경과 경험을 통해 성장할 수 있다. 중요한 건 아이를 틀에 가두는 게 아니라 잠재력을 발현시켜주는 것이다.

6. 정답보다 탐구를 지지하는 부모가 사고력을 키운다.

"그건 왜 궁금했어?", "같이 해볼까?"처럼 질문을 탐색으로 돌려주는 말은 아이에게 주도권을 돌려준다. 이때 뇌는 수동적 수용이 아닌 능동적 연결을 만들어낸다. 또한 실패를 탐색 과정으로 받아들이는 환경에서 아이는 '시도-수정-재설계'를 반복하며 고차원적인 사고력을 발달시킨다.

알파 세대 아이들의
갇혀버린 뇌

집중하지 못하고, 금방 지루해하고, 혼자 있는 아이들

그런데 과거와 달리 아이들이 공부하기 어려운 환경으로 변화한 것도 사실이다. 특히 스마트폰과 같은 디지털 기기의 등장은 이전과는 전혀 다른 환경을 제공했다. 소위 알파 세대(Generation Alpha)로 불리우는 이들은 태어날 때부터 디지털 기기를 자주 접하고 삶의 일부로 이용하며, 세상을 보고 소통하는 방식에 많은 영향을 받는다. 알파 세대 아이들은 인

> **알파 세대란?**
> 스마트폰이 대중화된 이후 태어난 세대로, 주로 2010년 이후 태어난 세대를 말한다.

터넷, SNS로 광범위하게 연결되는 경험을 통해 사회성을 키우고, 자신을 둘러싼 환경뿐 아니라 세계 각지에서 벌어지고 있는 사건들과 유행에 적극적으로 참여하며 세계 시민으로 거듭난다. 또한 다양한 것을 체험하며 자라고, 여행을 많이 다니는 등 유동적이고 시각적인 특징을 보인다.

이 세대 아이들을 키우고 있는 정말 많은 부모님이 상담실을 찾아와 자녀의 공부 고민을 털어놓는다. 각 가정마다 아이의 성적도 환경도 모두 다르고 부모님이 자녀의 공부에 있어 고민하는 내용 또한 가지각색이다. 하지만 그중에서도 다음 세 가지가 가장 많은 부분을 차지한다.

<u>첫째, 아이가 공부에 집중하는 것을 힘들어한다.</u> 특히 디지털 기기에 과도하게 노출된 아이들은 장시간 집중하는 데 어려움을 겪는다.

미국의 한 연구에 따르면, 8~12세 아이들은 하루 평균 4시간 44분을, 13~18세 청소년들은 7시간 22분을 디지털 기기를 사용하며 보낸다고 한다. 디지털 기기를 오래, 많이 사용하는 것은 지속적인 학습을 방해하는 주요 원인이다. 왜냐하면 디지털 기기의 콘텐츠는 빠르게 전환되고 자극적이며 사용자에게 즉각적인 만족을 제공하기 때문이다. 화면을 통한 정보 소비는 대부분 짧고 단편적이다. 특히 영상 기반 콘텐츠는 스스로 상상하거나 추론할 필요 없이 정보를 받아들이는 방식으로 이루어

진다. 이러한 경험에 익숙해진 뇌는 느리고 반복적인 학습 활동에 대한 인내심을 점점 잃는다. 이러한 방식이 반복되면 아이는 점점 '생각하는 힘'보다는 '받아들이는 습관'에 익숙해지고, 논리적 사고나 창의적 문제 해결력이 약화된다.

또한 학습은 정보를 잠시 기억하고 조작하는 '작업 기억력'을 필요로 하는데, 디지털 기기를 동시에 사용하거나 학습 중간에 기기를 확인하는 습관이 형성되면 이 작업 기억이 계속해서 리셋되어 학습의 맥락을 연결하지 못하게 된다. 뿐만 아니라 산만한 환경에서도 알림이나 화면 전환에 쉽게 반응하도록 설계되어 집중력을 지속하는 능력이 훈련되지 않는다. 결국 이런 아이들은 이해가 단절되고, 반복 학습이 필요하게 되며, 학습 효율이 급격히 떨어지게 되는 것이다.

<u>둘째, 진득하게 공부하기를 싫어한다.</u> 디지털 콘텐츠가 주는 즉각적인 재미에 익숙해진 아이들은 책상에 앉아 끈기를 가지고 문제를 풀거나 집중해서 내용을 파악하는 전통적인 학습 방식을 지루해한다. 물론 이런 현상이 나타난 지는 꽤 오래되었다. 그러나 디지털 콘텐츠가 점점 '짧아지고' 있는 추세가 이를 더 악화시키고 있다. 끈기를 발휘하는 힘은 좌절을 견디는 힘과도 관계가 깊은데, 아이들의 끈기가 부족해지면서 실패를 두려워하고 도전을 회피하는 경향도 강하게 나타난다. 이는 장기적으로 학습에서 필수적인 과제 지속력과 목표 달성을 위한 유에

능력을 저해하여 학업 능력 저하와도 직결된다.

요즘 아이들 사이에서 유튜브 쇼츠, 틱톡, 릴스 같은 '숏폼 영상'은 일상 그 자체다. 짧고 빠르며 강한 자극을 주는 이 영상들은 평균 수 초 단위로 전환되며, 뇌에 지속적으로 신경전달물질인 도파민(dopamine) 분비를 자극한다. 문제는 이런 자극 구조가 아이의 뇌를 점점 깊이 생각하는 뇌가 아니라 '즉시 반응하는 뇌'로 바꾸어간다는 점이다.

뇌과학적으로 볼 때, 이런 즉각적이고 반복적인 자극에 노출될수록 전두엽의 고차원 인지 회로는 덜 활성화되고, 생존 본능과 습관적 반응을 담당하는 '파충류 뇌(reptilian brain)' 회로가 우세하게 작동하기 시작한다. 뇌는 반복된 사용 환경에 맞게 구조화되며, 숏폼 영상은 '사고'보다 '자극-반응' 패턴을 강화시킨다.

숏폼 영상은 생각할 틈을 주지 않는다. 정보는 스스로 소화하거나 해석할 필요 없이 빠르게 지나가며, 뇌는 점점 느리고 복잡한 정보 처리를 귀찮아하거나 회피하게 된다. 책을 읽거나 수학 문제를 푸는 것처럼 깊이 몰입해야 하는 학습 활동은 '지루한 것', '스트레스 주는 것'으로 인식되며, 주의력의 지속 시간은 짧아지고, 인지적 인내력은 약해진다.

더 큰 문제는, 이러한 시청 패턴이 반복되면 자기조절력과 학습을 지속하는 데 기반이 되는 뇌 회로 자체가 약해질 수 있다는 점이다. 숏폼에 익숙한 아이일수록 스스로 과제를 계획하고 마무리하기를 어려워하고, 지연된 보상보다는 즉각적인 자극만을 추구하게 된다. 결국 이는 학업 성취뿐 아니라 자율성과 문제 해결력에도 부정적인 영향을 미친다.

아이들이 숏폼을 즐기는 건 자연스러운 시대의 흐름이지만, 그것이 아이의 뇌 발달에 어떤 비용을 치르게 만드는지 부모가 이해하고, 조절 가능한 환경을 설계해주어야 한다.

<u>셋째, 사회적 능력이 부족하다.</u> 장기적인 팬데믹 시기를 지나오며 아이들은 친구 및 선생님, 어른들과 대면하여 소통하며 사회성을 기를 경험을 박탈당했다. 이런 경험이 부족한 아이들은 감정 표현과 상대의 표정, 말투, 행동에 담긴 감정의 단서를 읽고 그 의미를 이해하는 행동에 서툴며, 서로 도움을 주고받는 상황을 어려워한다. 예전에 비해 요즘은 아이들이 밖으로만 돌고 집에 들어오려고 하지 않는다는 부모님의 고민이 눈에 띄게 많이 줄었다. 요즘 아이들은 친구들과 함께 하든, 자신만의 세상에 있든, 몸은 방 안에 있는 경우가 많다.

디지털 네이티브 세대가 직면한 학습의 위협

디지털 환경은 알파 세대 아이들의 뇌를 크게 변화시켰다.

정보 처리 능력이 상당히 빨라졌고 멀티태스킹 능력도 향상되었다. 특히 시각적 정보 처리 능력이 발달했다. 반면, 즉각적인 보상을 추구하는 성향이 강해졌다. 동시에 깊게 사고하지 못하고 장기 집중력은 약해진 모습을 보인다. 이러한 변화는 아이들의 학습 방식과 정보를 받아들이는 과정에 큰 영향을 미치고 있다.

디지털 네이티브 세대인 아이들이 겪는 어려움 중에서도 학습적 차원에서 마주하게 된 위협은 다음과 같이 크게 네 가지로 나눌 수 있다.

첫째, 사고와 기억의 '아웃소싱'이다. 디지털 기기를 통해 언제든지 정보를 찾아볼 수 있는 환경은 아이가 스스로 사고를 정리하고 개념을 연결하는 과정을 생략하게 만든다. 문제는 단순히 암기를 하지 않아서가 아니라, 기초 개념이 뇌 안에 충분히 축적되지 않으면 새로운 개념으로의 확장이 매우 어려워진다는 데 있다.

예를 들어, 새로운 단어를 접할 때마다 사전 앱이나 검색 기능을 통해 의미를 확인하는 습관이 반복되면, 아이는 그 단어를 기억하고 머릿속 어휘망에 저장하려는 노력을 생략하게 된다. 또한 단어 간의 관계망이 뇌 속에 형성되지 않으면 글 전체의 맥락을 파악하거나 비유와 추론이 필요한 고차 문장을 해석하는 데 어려움을 겪는다. 결국 단어는 매번 외부에서 '찾는 정보'로 머무르고, 스스로 문맥 속에서 의미를 추론하거나 새로운 표현을 창조하는 능력은 발달하지 않는다. '이것이 바로 지식의 아웃소싱'이 사고의 확장을 가로막는 대표적인 사례다.

둘째, 물리적 세계를 통한 경험 부족이다. 과거에는 직접 만지고 움직이며 오감을 통해 세계를 인식하는 경험이 많았지만, 디지털 환경에서는 이러한 과정이 화면 속 이미지로 대체된다. 뇌는 실제 감각 자극과 시각적 이미지 자극을 전혀 다르게 처리하는데, 영상으로 본 물체는 깊이감, 무게감, 질감에 대한 신체적 연결이 부족해 개념 형성이 표면적이고 단편적일 수 있다.

예를 들어, 디지털 영상만으로 토끼를 접한 아이와 실제로 토끼를 만지고 냄새를 맡아본 아이의 뇌는 다르게 발달한다. 동시에 여러 감각을 자극하는 멀티센서리(multisensory) 자극은 정보를 더 깊게 기억하게 하며, 뇌의 시냅스(synapse) 생성과 창의력 향상에 도움이 된다는 연구 결과가 있다. 반면, 생후 초기부터 화면 중심의 자극만 경험한 어린이는 감각 통합력이 적절하게 발달하지 않을 가능성이 크다. 실제로 TV·영상에 많이 노출될수록 감각 민감도와 감각 회피 같은 이상 징후가 증가한다는 연구가 있다. 또한, 영·유아를 대상으로 한 연구는 시각·촉각·후각 등을 동시에 사용하는 활동이 인지 발달, 언어 능력, 문제 해결력에도 긍정적인 영향을 준다는 점을 강조하고 있다.

셋째, 소통 방식의 변화다. 디지딜 환경에서는 이모티콘, 짧은 메시지, 빠른 응답이 중심이 되는 대화 방식이 일상화되어 있다. 이러한 방식에 익숙해진 아이들은 눈빛, 표정, 말투, 숨 고르기 등 복합적인 비언어적 단서를 통해 감정을 읽고 대화를 조율하는 능력이 약해진다.

결과적으로 친구나 가족과의 대화에서 상대가 말을 다 끝낼 때까지 기다리는 타이밍을 알아채거나 상대방의 표정 변화를 알아차리고 적절하게 반응하는 능력과 같은 대화 기술이 잘 자라지 않는다. 이는 관계에서 오해나 갈등을 유발하며, 사회적 신호에 대한 민감도를 떨어뜨린다.

==넷째, 이러한 모든 변화는 사회성 발달의 약화로 이어진다.== 사회성은 단지 말을 잘하거나 친구가 많은 것을 말하는 것이 아니라, 관계 속에서 나의 감정을 조절하고, 타인의 입장을 이해하며, 갈등을 해결하는 능력을 포함한다. 하지만 디지털 환경 중심의 일상에서는 이러한 관계적 기술을 배울 기회가 부족하다. 감정 조절, 공감, 협동, 자기주장과 같은 기술은 모두 몸과 마음이 함께 움직이는 상호작용을 통해 길러지는데, 그 접점이 줄어들며 정서적 성숙에도 영향을 미치게 된다.

아이의 디지털 기기 사용을 제한해야 할까

디지털 기기는 이미 아이들의 일상 깊숙이 들어왔다. 스마트폰과 태블릿, 스마트 스크린은 가상현실(VR)까지 포함하여 시각적, 청각적으로 즉각적인 보상을 제공한다. 이러한 기술에 어른들도 빠져드는 상황에서, 아이들이 속절없이 빠져드는 것은 어쩌면 당연한 결과다. 하지만 그 편리함 이면에는 조용한 경고가 숨어 있다. 특히 만 0세부터 18세까지 뇌가 폭발적으로 발달하는 시기에 스크린 앞에 오래 머무는 건 신경학적·인지적·정서적 위험을 수반한다.

부모 입장에서 고민은 깊다. 아이들이 스크린에 너무 몰두하는 것을 걱정하면서도, 한편으로는 아이가 디지털 환경에 잘 적응하고 미래를 선도하는 인물이 되기를 바란다. 그렇기에 자녀의 디지털 기기 사용을 무턱대고 제한하는 것이 과연 옳은지 늘 갈림길에 서게 된다.

이 고민을 상징적으로 보여주는 사례가 있다. '애플'의 창업자 스티브 잡스는 아이패드(iPad) 출시 후 한 인터뷰에서 자신의 자녀들은 아직 아이패드를 사용해본 적이 없다고 말했다. 잡스는 아이패드를 개발한 장본인이면서도 자녀의 디지털 기기 사용 시간을 엄격하게 관리했다. 이는 디지털 환경을 만드는 데 큰 역할을 한 사람소차 그 영향력을 경계했다는 점에서 생각할 거리를 준다.

적절한 규제 없이 스마트폰을 사용하는 것은 자라나는 아이들의 뇌에 부정적인 영향을 미치는 것은 이미 여러 연구를 통해서도 증명되었다. 스마트폰을 오래 사용할수록 전두엽과 측두엽의 기능이 저하되고, 뇌의 전체 영역이 아닌 시각적 자극을 처리하는 후두엽만 과도하게 활발해지는 상태를 유도한다는 연구 결과도 있다. 또한 스마트폰을 사용할 때 보이는 아이의 집중력은 진정한 의미의 집중력이 아니다. 사실상 이때의 뇌는 오히려 '멈춰 있는 상태'에 가깝다. 한 연구에서는 스마트폰을 한 번 보면 집중력이 20분간 흐트러지고, 이 상태에서 지능 검사를 실시할 시 점수가 15점가량 감소하는 것으로 나타났다.

피하지 말고 다루는 힘 기르기

세계보건기구(WHO)는 1세 이하의 아동에게 디지털 기기를 사용하지 않을 것과 만 2세 이전까지는 아이에게 디지털 기기를 주지 말 것을 권고한다. 실제로 0~2세 시기의 뇌는 매초 수백만 개의 시냅스를 만들어내는 폭발적 성장 단계에 있다. 이 시기에 디지털 기기에 노출되면 시냅스의 자연스러운 연결 형성에 장애가 생긴다. 특히 언어 발달에 있어 부모와의 실제 상호작용이 줄어들면 언어 자극 부족과 인지 발달 지연이 발생할 수 있다. 디지털 기기의 자극적인 화면은 아이의 정서 조절 능력에도 부정적인 영향을 주어 이후 자기조절 부족으로 이어지기도 한다.

전두엽이 활발히 발달하면서 주의력, 기억력, 계획력 같은 실행 기능이 자라는 3~6세에 화면에 너무 익숙해지면, 집중력이 낮아지고 감정 통제력도 떨어진다. 또래와의 실제 놀이가 줄어들면 사회성 발달에도 부정적 영향을 미친다. 특히 공감 능력, 타인의 감정을 이해하는 능력이 느리게 자라 사회적 관계에 어려움을 겪을 수 있다.

경제협력개발기구(OECD)의 연구 결과에 따르면, 실제로 한국 학생들의 읽기 능력 점수가 해마다 감소하고 있으며, 최하위 수준의 비율 역시 증가하는 추세다. 디지털 기기의 반복적인 자극은 아이의 주의력과 기억력을 분산시킨다. 특히 초등학생 아이가 지속적으로 스마트폰이나 태블릿에 노출되면 집중력이 약해지고 학업 성취도도 낮아진다. 전문가들은 디지털 기기를 사용하는 시간이 증가함에 따라 아이들의 문해력이 감소하고 있다고 분석한다. 문해력은 글을 읽고 이해하는 능력으로, 성장기에 잘 형성되지 않으면 성인이 되어서도 발전시키기가 상당히 어렵다. 성인이 되었을 때 언어적 사고력이 부족하면 대인관계, 사회적인 성취에서도 어려움을 초래할 수 있다.

청소년기의 뇌는 아직 미성숙한 상태다. 특히 전두엽이 완전히 발달하지 않은 상태에서 스마트폰의 빠른 피드백에 익숙해지면 충동 조절이 어려워질 수 있다. 자기조절력이 덜 자란 상태에서 유튜브 및 게임 콘텐츠에 빠지면 중독 위험도 높다. 게다가 잠들기 전까지 스크린을 보면 수면 호르몬인 멜라토닌(melatonin) 분비가 억제되어 수면의 질이 떨어지고 성장에도 악영향을 줄 수 있다. 또한 소셜미디어에 과도하게 노출되면 비교와 자기비하가 늘어나고, 자존감이 낮아지며 우울감도 커진다. 청소년 자살과 불안 장애에 소셜미디어가 영향을 준다는 연구도 계속해서 보고되고 있다.

이제는 디지털 기기를 무조건 제한할 것인가를 두고 고민하는 시대는 지났다. 그보다 중요한 것은 아이들이 이 강력한 도구를 어떻게 다룰 수 있는지, 즉 사용의 주체로 설 수 있는 능력을 기르는 일이다. 아이들이 지금 가장 크게 잃어버린 것은 천천히 생각하고, 스스로 정리하며, 자기 언어로 표현해보는 과정이다. 디지털 환경은 사고의 시간을 잘게 쪼개고, 표현을 단순화시키며, 이해보다는 반응을 유도한다. 따라서 제한이 필요한 것은 '기기' 자체가 아니라 무분별한 사용, 과잉 자극, 그리고 무비판적으로 수용하는 태도다.

그렇기에 부모는 아이의 일상에서 디지털 기기의 감정적·물리적 거리를 조율해주는 조정자여야 한다. 언제, 왜, 무엇을 위해 디지털 기기를 사용하는지를 아이와 함께 이야기하고, 사용

후에는 경험을 되돌아보는 시간을 가져야 한다. 디지털 없는 시간이 곧 창의의 시간이라는 믿음을 바탕으로, 집 안에 '화면 없는 시간'이나 '디지털 쉼 공간'을 마련하는 것도 디지털 기기와의 거리를 조율하는 효과적인 방법이 될 수 있다.

더는 어제와 같은 방식으로 공부할 수 없다

앞서 살펴본 것처럼 우리 아이들은 이전 세대와 전혀 다른 방식으로 세계를 인식하고 학습하며 자라고 있다. 정보 접근성은 비약적으로 향상되었고, 대부분의 정보는 유튜브, 검색 포털, AI 기반 플랫폼에서 빠르게 소비된다. 이로 인해 학습 환경의 구조뿐 아니라 정보를 받아들이는 뇌의 작동 방식까지 변화하고 있다. 문제는 아이들의 뇌가 빠르게 훑고 즉각 반응하는 데는 익숙해졌지만 깊게 몰입하고 오래 되새기는 데에는 점점 약해지고 있다는 데 있다.

디지털 자극은 뇌의 주의 네트워크를 짧은 간격으로 전환시키며 지속적인 몰입을 방해한다. 우리 뇌는 우리가 사용하는 방식대로 구조화된다. 반복적으로 숏폼을 소비하고, 검색을 일상적으로 활용하며 단편적으로 학습하는 데 길들여지면 뇌는 빠른 피드백에 익숙해져 ㅜ조를 따라가거나 오류를 분석하는 것

1장 공부머리의 결정적 순간

과 같은 인지적 인내를 기르지 못한다. 단기 자극에 반응하는 회로는 강화되지만 추론과 해석, 비판적 사고를 위한 전두엽 회로는 덜 사용되면서 약화된다. 특히 초등 고학년부터 중학생 시기의 뇌는 인지적 유연성과 주의 조절력이 본격적으로 강화되는 시기인데, 이 시기에 지속적인 디지털 자극이 과도하게 주어지면 깊은 사고 훈련이 제대로 이뤄지지 않는다.

암기는 사라지고 사고만이 남는다

과거에는 많이 외우고 빨리 푸는 학습이 통했다. 정보 자체가 귀했기 때문이다. 그러나 지금은 정보가 넘쳐난다. 이젠 정보를 얼마나 많이 알고 있는가보다는 그것을 어떻게 분류하고 구조화하며, 어떤 질문을 던지고 연결해내는가가 더 중요해졌다. 더 이상 외우고 많이 푸는 학습만으로는 지식의 융합과 창의적 사고, 문제 해결에 도달할 수 없다. 이는 단순히 교육 방법의 변화가 아니라 학습의 목표 자체가 정보 습득에서 문제 해결로, 개념 내면화에서 의미 창출로 전환되었음을 의미한다.

게다가 아이들은 혼자 깊이 파고드는 시간에 특히 취약해졌다. 혼자 앉아 책을 읽고 내용을 정리하며 개념을 붙잡는 인지적 인내력이 약해지고 있는 것이다. 수업 시간에 함께 문제를 풀고, 모둠 활동을 통해 토론하며 과제를 완성하는 일은 곧잘

하지만, 자신의 속도로 책을 천천히 읽고 이해한 내용을 정리하며 질문을 만드는 활동은 오히려 부담스러워하고 피하려 한다. AI와 디지털 도구를 잘 다루는 능력만으로는 충분하지 않다. 배움의 본질은 여전히 느림 속에서 사고를 정리하고, 자기만의 흐름으로 내면화하는 데 있다.

결국, 중요한 것은 쉽게 접근할 수 있고 넘쳐나는 정보를 어떻게 뇌 속에서 처리하는가다. 이제는 단순히 읽고 듣는 것을 넘어서 정보를 직접 다루고 재구성하는 능력이 요구된다. 개념을 소화해 응용할 줄 아는 아이는 사고도 유연해진다. 예를 들어, 사회 과목에서 '삼권분립'을 배우면 행정부―입법부―사법부의 기능을 외우는 데서 더 나아가 "만약 내가 대통령이라면 국회의 권력은 나에게 어떤 제약을 줄까?"라는 질문을 스스로 할 수 있다.

배운 내용을 자신만의 방식으로 요약한 후 A4 한 장에 정리하는 활동은 사고의 구조를 시각화하는 데 유용하다. 키워드 중심으로 개념을 요약하고 그것을 화살표로 연결하며 각 요소를 자신만의 말로 풀어 쓰는 과정을 통해 아이는 정보가 아닌 개념을 학습하게 된다. 독서 후 책의 내용을 요약하고 주요 장면을 만화 형식으로 재구성해보는 것도 정보의 재조직 능력을 기르는 데 도움이 된다.

==아이들에게는 빠르게 답을 맞히는 연습보다 천천히 사고를==

==붙잡고 구성하는 시간이 필요하다.== 오답을 확인한 뒤 바로 정답을 외우는 것이 아니라 어떤 사고 오류가 있었는지 탐색하는 과정이 인지 능력을 성장시키는 기회다. 예를 들어, 수학 문제를 풀기 전에 '이 문제는 어떤 개념을 포함하는가'를 먼저 살펴보고, 정답이 아닌 사고의 흐름을 기록하면 사고의 궤적을 따라가는 힘이 생긴다. 국어 지문을 읽고 핵심 문장을 한 줄로 줄이는 '느린 요약' 훈련 역시 사고의 힘을 기르는 데 도움이 된다. 부모는 속도가 아닌 정확도, 효율성이 아닌 의미 중심으로 아이의 학습 기준을 바꾸어야 한다.

또한 ==개념은 눈으로 읽는 것이 아니라 몸을 거쳐 기억되는 구조로 바뀌어야 한다.== 감각을 통한 학습은 개념을 오랫동안 안정적으로 저장하는 데 효과적이다. 과학 수업에서 물의 상태 변화를 배울 때는 그림이나 영상 대신 실제로 얼음을 손으로 만지고, 끓는 물에서 나오는 증기를 관찰하고 기록하는 것이 학습에 훨씬 도움이 된다. 이런 활동은 감각 기억과 개념 기억을 연결하며, 추상적인 개념을 구체적 경험에 기반해 형성하도록 돕는다.

언어 학습에서도 마찬가지다. 영어 단어를 외운다면 손으로 쓰는 것뿐 아니라 입으로 소리 내고, 자신만의 문장을 만들어 말해보는 것도 좋은 방법이다.

스스로 설계하는 아이가 끝까지 간다

무엇보다 중요한 것은 아이가 공부를 스스로 '설계'하는 경험이다. 오늘 무엇을 공부할지, 어떤 방식으로 할지, 끝나고 무엇이 남았는지를 점검하게 해야 진짜 자기주도 학습이 된다. 공부를 시작하기 전에 아이에게 "오늘 이 공부는 나에게 왜 필요할까?"를 한 문장으로 적어보는 루틴을 만들어주자. 아이가 목적을 가지고 학습하는 것만으로도 학습의 내용을 정리하고 구조를 파악하는 데 도움이 된다. 인터넷 검색을 활용할 경우에도 검색을 하기 전에 필요한 정보가 무엇인지 정리하고, 검색 후 얻은 정보를 다시 요약하게 하면 정보의 흐름과 쓰임을 통제하는 능력을 길러줄 수 있다.

공부를 다 하고 나서는 하루에 하나씩 '오늘 배운 개념 중 가장 기억에 남는 내용'을 적고, 그 이유를 스스로 설명하게 해보자. 이는 학습을 단순한 입력이 아니라 다시 돌아보고 내면화하는 시간으로 바꾸어준다. 이러한 방식은 학습을 타인에 의해 해야 하는 활동이 아니라 자기 스스로 조절하고 통제할 수 있는 활동으로 만든다. 아이는 점점 자신의 학습을 관리할 수 있는 존재로 변화하고, 학습에 대한 주인의식을 갖게 된다.

지금 교육이 마주한 핵심 문제는 '기술 격차'가 아니라 '사고 격차'다. 디지털 도구는 누구나 사용할 수 있다. 그러나 그것을 어떻게 활용하고, 어떤 개념을 어떤 방식으로 내면화하느냐는 꾸준한 연습과 학습 설계의 문제다. 느리고 깊은 배움은 타고나는 것이 아니다. 일상의 루틴과 질문, 표현, 정리의 훈련 속에서 만들어진다.

중요한 것은 아이에게 더 많이 알려주고 더 빨리 시키는 것이 아닌 더 오래 생각하게 하고, 더 천천히 정리하게 하며, 자기 방식으로 연결하게 하는 것임을 기억하자. 디지털 시대의 교육은 단지 새로운 기술을 공부 환경에 도입하는 게 아닌 배움의 리듬을 다시 설계하는 일이다.

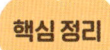 

1. 알파 세대 아이들의 뇌는 디지털 환경에 길들여져 있다.

태어날 때부터 디지털 기기에 노출된 알파 세대는 뇌 회로가 깊이 있는 사고보다는 즉각적 반응에 최적화되어 있다. 또한 집중력이 약해지고 작업 기억이 쉽게 리셋되는 경향을 보이며 도전 회피 성향이 강화된다. 반복적인 디지털 자극은 고차원적 사고를 담당하는 전두엽의 활성화를 억제하고, 본능적 반응 회로를 강화한다. 이는 자기조절력과 계획·집행 능력 전반을 약화시킨다.

2. 사회적 능력이 위축되고 고립 경향이 높아진다.

코로나 이후 대면 경험이 줄어든 알파 세대는 상호작용 능력이 떨어진 모습을 보인다. 친구와 함께 있어도 물리적 공간은 '방 안'에 고립된 채로 머무는 경향이 뚜렷하다. 물리적 경험의 부족은 감각 통합력과 창의력 발달을 저해한다. 화면 자극만 받은 아이는 실제 감각 기반의 정보 처리가 약하고, 개념 형성이 피상적이다. 소통 방식이 단편화되며 비언어적 해석 능력이 약해진 모습을 보인다.

3. 중요한 건 '디지털 기기 제한'이 아니라 올바른 사용법을 알려주는 것이다.

디지털 기기는 배제해야 하는 대상이 아니라 잘 다루어야 하는 대상이다. 아이가 무비판적으로 소비하지 않고 목적과 맥락을 가지고 사용할 수 있도록 부모가 조정자 역할을 해야 한다.

4. 암기의 시대는 끝나고 사고의 시대가 왔다.

단순히 정보를 '많이 아는 것'이 아니라 그것을 '어떻게 구조화하고 연결할 수 있는가'가 핵심 역량이 되었다. 느리고 깊은 사고를 통해 정보는 지식으로, 지식은 개념으로 변환된다. 그렇기에 정답만 빠르게 맞히는 학습보다는 사고 흐름을 기록하고 개념을 재구성하는 훈련이 필요하다. 느린 요약, 사고 궤적 기록, 개념의 시각화 활동은 뇌에 정보가 오래 남도록 돕는다.

5. 감각을 통과한 학습이 개념을 견고하게 만든다.

눈으로만 읽는 학습보다 손으로 쓰고, 입으로 말하고, 실제로 만지고 경험하는 학습이 개념 기억과 감각 기억을 연결해 학습 효과를 극대화한다.

6. 진짜 자기주도 학습은 '설계'에서 시작된다.

오늘 공부의 목적을 적고, 정보를 수집·요약·정리하며, 하루의 학습을 스스로 돌아보는 과정이 아이의 주도성과 사고력을 키운다. 기술의 시대에 중요한 건 디지털 기기를 얼마나 잘 사용하느냐가 아니라 스스로 사고하고 학습을 설계하는 능력이다.

공부 뇌는 만들어진다

뇌와 공부의 상관관계, 눈으로도 보인다

공부는 하지 않고 노는 것 같은데 유난히 성적이 좋은 아이들이 있다. 시험 기간에도 보고 싶은 텔레비전 프로그램 다 보고, 운동도 하고, 언제 공부하나 싶은데 성적은 상위권인 아이들을 보면 사람들은 "역시 머리가 좋으니까 공부를 잘한다"고 말한다.

정말로 공부를 잘하려면 머리가 좋아야 할까? 급속히 발전한 기술 덕분에 이제는 뇌와 공부의 상관관계를 눈으로 확인할 수 있는 시대가 되었다. 인지신경과학을 연구한 학사들은 뇌의

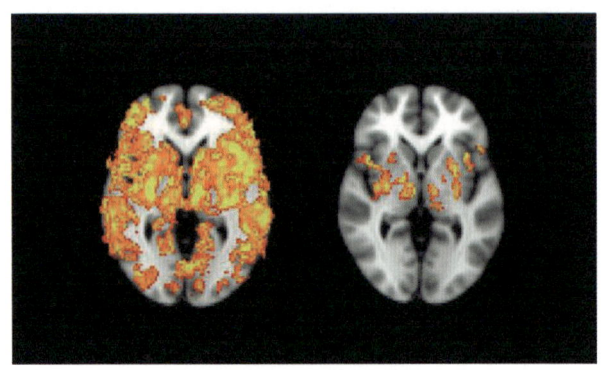

지적인 활동의 할 때 뇌의 혈류량 변화
붉은 색 부분이 뇌의 혈류량이 증가한 부분이다.

혈류량을 측정하여, 사람이 지적인 활동을 하는 동안 뇌의 광범위한 부위에서 혈류량이 증가하는 것을 관찰했다. 뇌 활동과 공부와의 상관관계가 분명히 밝혀진 만큼, 뇌의 구조를 알고 역할을 안다면 좀 더 공부를 잘할 수 있는 쪽으로 뇌를 활용할 수 있을 것이다.

뇌의 구조를 보면 머리의 뒷부분인 후두엽은 시각 정보를 받아들이는 역할을 하고, 옆 부분인 측두엽은 언어적 자극을 받아들이고 해석하며 표현하는 역할을 한다. 머리의 앞부분인 전두엽에서는 이렇게 받아들여진 시각적 자극 혹은 언어적 정보를 종합하고 사고하며 판단한다. 머리의 위쪽 정수리 부분인 두정엽은 이러한 판단을 거쳐 내려진 명령을 신체 각 부위(입, 손,

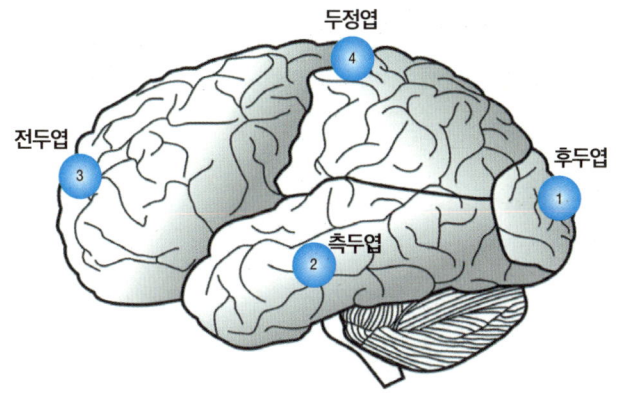

학습과 관련된 뇌의 주요 부위

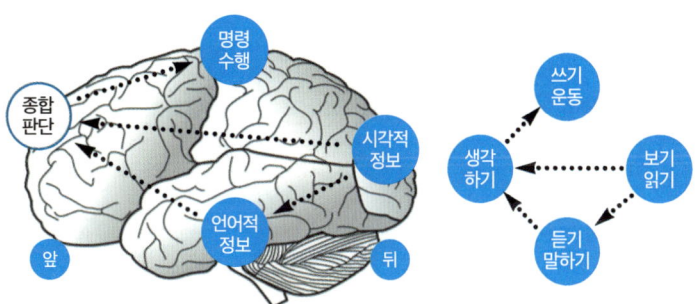

각 부위별 뇌의 활동과 학습의 연관성

뇌가 담당하는 기능과 학습의 요소들이 매우 일치한다. 우리가 무엇인가를 배우는 과정은 뇌의 활동과 밀접한 연관이 있을 수밖에 없다.

발 등)로 전달하는 역할을 한다.

- **후두엽**: 시각 정보 처리
- **측두엽**: 언어 정보 처리
- **전두엽**: 종합적 사고, 판단
- **두정엽** : 명령 전달

앞의 그림을 보면 뇌의 각 부위는 신경회로들로 복잡하게 얽혀 있지만, 이들의 역할이 사람이 학습할 때 일어나는 과정과 놀랍도록 닮아 있다는 것을 알 수 있다.

사람은 학습할 때 우선 시각적 정보나 언어적 자료를 받아들이고, 이것들을 종합하고 판단하여 기억할 것은 기억하고 이해할 것은 이해하고 있다가 필요할 때 말이나 글로 표현한다. 이 과정은 글로 된 공부뿐 아니라 예술 활동의 경우에도 똑같이 적용된다. 이와 같이 학습이 일어나는 부분을 '대뇌피질(cerebral cortex)'이라고 한다. 그러나 학습에는 대뇌피질만 관여하는 게 아니다.

우리의 뇌 한가운데 깊숙한 부분에는 장기 기억과 정서 상태와 관련이 있는 '변연계(limbic system)'라는 구조물들이 자리하고 있는데, 대뇌피질의 활동도 이 부분의 영향을 받는다. 변연계에서 우울이나 불안과 같은 감정이 활발하게 활동하면 대뇌피질의 활동이 억제된다는 것이 연구 결과 밝혀졌다.

<mark>이처럼 학습에는 뇌의 모든 부분이 종합적으로 관여하고 활용되고 있으며, 여러 기능들 중에서 어느 한 가지라도 결핍되거나 장애가 생기면 학습에 커다란 지장을 초래하게 된다.</mark>

그렇다면 우리 아이의 학습에 도움을 주려면 뇌의 기능 중에서 어떤 것들을 알아야 할까? 우선 이해를 돕기 위해 우리 뇌에서 정보가 어떤 과정을 통해 전달되고 처리되는지 자세히 알아보기로 하자.

뇌는 이렇게 공부한다: 읽고 생각하고 답하는 4단계

읽기 과정을 예로 들어보자. 우리가 눈으로 글자나 사진, 그림을 보게 되면 이 정보는 우선 뇌의 뒤쪽에 자리 잡은 후두엽으로 전달된다. 이곳에서 형태나 색채, 운동 방향 등의 정보가 일차적으로 판단된다. 그런 다음 정보는 측두엽으로 보내진다. 측두엽에서는 이것이 문자라는 것을 확인하여 그 의미를 찾아내고 전체에 담겨 있는 뜻을 알아낸다. 다음으로 전두엽에 전달되는데, 전두엽에서는 우리가 해결해야 할 문제에 대해 가설을 세우고 검증하거나, 무엇을 출력할 것인지 결정한다. 그런 다음 뇌의 맨 윗부분인 두정엽에 명령을 전달하면 말하거나 쓰는 등의 행동이 일어난다.

만일 우리가 퀴즈 게임에 참가한 상황이라면 뇌는 다음과 같이 작동한다. 화면에 커다란 비석의 일부를 보여주면서 "이 비석은 삼국시대에 만들어진 비석으로, 영토 확장을 기념하기 위해서 세운 것입니다. 서울 지역에도 존재하는 이 비석은 무엇입니까?"라는 자막이 나타났다고 하자.

퀴즈에 참가한 사람은 먼저 모니터에 나오는 문제를 읽거나 혹은 진행자가 읽어주는 문제를 듣게 된다. 그다음 사진이나 동영상은 후두엽으로 전달되고, 글자는 기호로 인식하여 측두엽으로 보내진다. 측두엽에서는 이 글자의 모양에서 소리를 떠올리고 그 소리를 통해 의미를 떠올리게 된다.

이렇게 문제를 이해한 다음에는 전두엽에 신호를 보내 판단을 하게 된다. '과연 이 비석의 이름은 무엇일까?' 머릿속 기억 창고에 저장되어 있는 정보를 뒤적여보고, 거기서 한두 가지 비석의 이름을 떠올린다. '광개토 대왕비', '진흥왕 순수비'……. 그리고 생각한다. '아, 서울에 있는 거니까 만주에 있는 광개토 대왕비는 아니겠구나! 그럼 진흥왕 순수비구나.'

뇌는 두정엽 근처에 있는 운동신경 부위에 명령을 내린다. 그러면 퀴즈 참가자는 정답 버튼을 누르고 말한다. "정답은 진흥왕 순수비입니다."

뇌가 정보를 받아들여서 처리하고 판단하고 실행하는 단계는 모두 이러한 양상으로 이루어진다. 따라서 이 단계들에 문제가 생기면 올바른 답을 처리할 수 없고 학습에 지장이 생긴다.

이를테면 화면에 나오는 문제 중에서 '서울에 존재하는 것'이라는 내용을 놓치면 정답을 '광개토 대왕비'라고 생각할 수도 있다. 문제를 다 읽고 이해했더라도 '진흥왕 순수비'라는 이름을 기억해내지 못한다면 정답을 맞힐 수가 없다. 정보를 출력할 때에는 모든 가능성을 검토해보고 가장 올바른 답을 결정해야 하는데, 처음 떠오른 답을 그냥 말해버리는 수도 있다.

공부를 할 때에도 마찬가지다. 따라서 아이가 공부를 할 때 이러한 단계 중 어떤 단계에서 어려움을 겪는지 잘 살펴본다면, 학습 부진의 원인을 파악하고 바로잡는 데 많은 도움이 될 것이다.

뇌 기능을 알아야 공부에 적용할 수 있다

사람의 뇌는 겉에서 보면 쭈글쭈글한 호두 모양으로, 좌우 대칭의 모습이다. 다만 주름의 모양은 사람마다 조금씩 차이가 있다.

천재 과학자 아인슈타인의 뇌는 세계 여러 나라에서 전시된 적이 있다. 아인슈타인의 뇌는 일반인의 뇌와 비교했을 때 특히 수학적 능력과 관련된 뇌 영역의 주름 모양이 특이했으며, 뇌의 전체적인 크기도 좌우 폭이 15퍼센트 정도 더 넓었다고

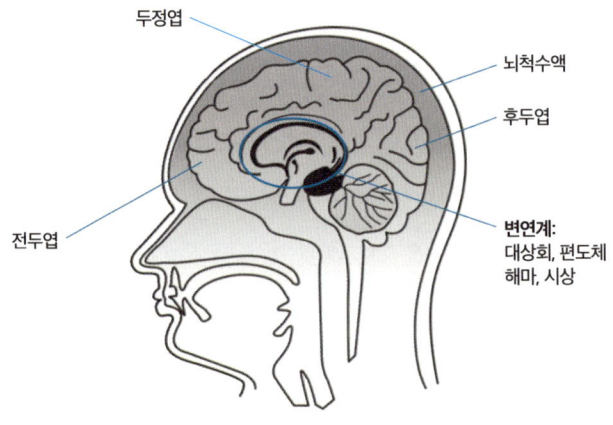

뇌의 모양과 각 부위 명칭

한다.

이처럼 사람에 따라 독특한 점은 있지만 기본적으로 뇌의 각 부위가 담당하는 역할에는 차이가 없다. 지금부터 공부를 할 때 뇌의 각 부분이 어떤 일을 주로 하는지 하나씩 살펴보자.

우리 몸의 CEO, 전두엽

인간이 만물의 영장이 될 수 있었던 것은 사실 전두엽의 발달 덕분이라고 할 수 있다. 전두엽은 문제 해결을 위한 추론 능력, 계획을 세우는 능력을 담당한다. 또한 충동을 조절하고 불필요한 자극을 걸러내는 역할도 한다. 이러한 능력은 공부를 잘하기 위해서도 필수적인 것들이다.

만약 전두엽이 손상되면 어떻게 될까? 논리적 추론을 하는 것이 매우 어려워지고, 공격성이 증가하고, 세세한 계획을 세우는 것이 불가능해져서 무절제한 생활을 하기 쉬워진다. 그래서 성인 중에 알코올 중독에 빠지거나 과격한 행동을 하는 사람들의 뇌를 자세히 관찰해보면 전두엽에 손상을 입은 경우가 많다. 아이들의 경우에도 마찬가지다. 전두엽이 제대로 기능하지 않으면 공부에 집중하기 어렵고, 학교에서 규칙을 잘 지키지 못한다. 이러한 사실은 전두엽에 외상을 입거나 뇌졸중, 종양, 간질 등으로 손상된 환자들을 대상으로 관찰한 연구에서 확인된 결과다.

반대로 전두엽 기능이 발달한 사람은 주어진 정보를 토대로 가설을 세우는 능력이 뛰어나고, 논리적으로 판단하며, 계획을 잘 수립한다. 충동도 잘 조절할 수 있다. 그렇기에 전두엽의 기능이 약하면 기억력이 좋아도 공부한 만큼 충분히 실력을 발휘하기 어렵다. 뇌가 우리 몸의 컨트롤 타워라면 그중에서도 회장, 즉 CEO가 앉아 있는 자리가 바로 전두엽이다.

==우리가 머리가 좋은지 나쁜지 알아보는 기준으로 삼는 지능 검사도 실은 전두엽의 기능과 관련이 있다. 전두엽이 활발하게 활동할수록 지능지수도 높게 나오는 것이다.==

> 더 읽을거리

지능 검사의 원리와 한계

지능 검사는 프랑스에서 초등교육을 받을 수 있는 아동인지 아닌지를 판단하기 위해 처음 개발되었다. 이후 개발을 거듭하면서 인간의 지적 기능을 측정하는 신뢰할 수 있는 도구가 된 것이 사실이다. 지능 검사로 최근 가장 신뢰받고 있는 것이 웩슬러 지능 검사다. 현재 대부분의 대학병원과 신경정신과 전문 클리닉에서는 이 검사를 사용하고 있다. 이 검사에서 평균은 100점이다. 일반적으로 아이큐 두 자리 수라며 놀리는 경우가 있는데, 이것은 단체로 하는 검사여서 대부분의 사람들이 120 정도는 나오기 때문이다. 실제로 지능 검사 결과 90~110점은 평균 지능에 해당한다. 지능지수는 수행자가 받은 점수에 해당하는 정신 연령을 그 사람의 실제 나이로 나눈 것에 100을 곱해서 구한다.

즉, 점수에 해당하는 정신 연령/실제 나이 × 100 이다. 예를 들면, 지능 검사 채점 결과 13세 연령으로 나온 10세 아동의 지능지수는 '13/10 × 100으로 130'이 된다. 그래서 지능 검사를 하려면 각 연령별로 지능 검사 문제에서 몇 점을 받는지에 대한 데이터가 있어야 한다. 그러니까 시대에 따라서 13세가 같은 문제를 풀어도 다른 점수를 받을 수 있으므로 지능지수는 달라질 수 있는 것이다. 따라서 아인슈타인의 지능지수 점수를 현재의 기준으로 다시 계산하면 중상 수준밖에 안 될 수도 있다. 이것에서 알 수 있듯이 지능지수는 상대적이다. 그리고 가변적인 것이기도 하다.

해외 연구 결과를 보면 지능은 학교 성적에 15~25퍼센트 정도의 영향을 줄 뿐이다. 이것은 부모의 키와 자녀 키의 상관관계와 비슷한 정도다. 부모가 키가 크면 아이가 클 확률이 높아지지만 부모 키가 작다고 아이의 키가 항상 작거나 부모가 크다고 아이가 항상 크지 않듯이, 지능이 높다고 공부를 꼭 잘하는 것도, 지능이 낮다고 공부를 꼭 못하는 것도 아니다.

언어 영역의 핵심, 측두엽

측두엽은 뇌의 양옆에 있는 부분으로, 언어와 소리, 감정과 기억을 다루는 아주 중요한 역할을 한다. 측두엽은 뇌의 다른 부위보다도 그 기능이 가장 뚜렷하게 구분되어 있는데, 좌측 측두엽과 우측 측두엽의 기능에도 차이가 있다. 좌측 측두엽은 말과 글의 구조를 이해하고 문법을 처리하는 기능을 담당하고, 우측 측두엽은 말의 감정적인 뉘앙스를 느끼고 이해하는 정서적 기능을 담당한다.

언어 기능은 주로 뇌 왼쪽의 측두엽과 전두엽에서 함께 맡는다. 뇌의 좌우가 대체로 비슷한 역할을 하는 데 비해 언어만큼은 좌뇌에서 전담한다. 뇌의 측두엽과 전두엽 사이에 브로카 영역(Broca's area)이 인접해 있다. 신경학자 폴 브로카(Paul Pierre Broca)가 발견한 이 부위는 턱, 혀, 입술의 운동을 담당하는 부위와 가까이 있어서 우리가 머릿속 생각을 말로 표현할 수 있도록 돕는다. 이 부위가 손상되면 다른 사람의 말도 다 이해하고 말하고 싶은 것이 머릿속에 떠올라도 문법에 맞추어 유창하게 말하는 능력이 떨어진다.

반면 브로카 영역보다 좀 더 측두엽 쪽에 위치한 베르니케 영역(Wernike's area)은 말에 대한 이해를 주로 담당한다. 이 부위를 다치면 말은 유창하게 하지만 선혀 뜻이 맞지 않는 말을

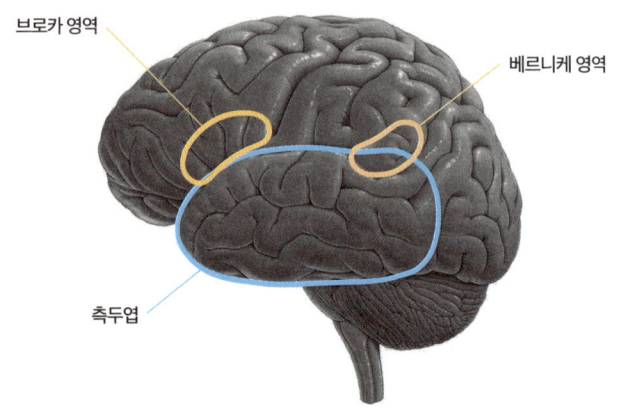

언어 기능과 관련된 뇌의 영역

한다. 또 자신이 한 말이 말이 되는지 아닌지 판단할 수 없기 때문에 본인은 이상함을 전혀 알아채지 못한다.

언어 활동에는 뇌의 여러 영역이 함께 작동하지만 이 두 부위가 핵심적인 역할을 한다. 이 부위 주변에 있는 뇌의 부위들은 이 언어 능력을 통합하고 연결, 전달하는 역할을 한다. 글자를 볼 때에는 뇌의 후두엽에서 글자의 모양을 인식하고, 인식한 모양이 어떠한 의미를 지니고 있는지 판단한다. 쓰기를 할 때에는 운동 영역 부위가 활동한다. 눈으로 글자를 볼 때는 시각 영역이 활동하고, 언어에 대해 생각하면 언어 영역이 활발해지지만 그 언어의 활용을 생각할 때에는 뇌의 전두엽을 포함한 넓은 부위가 모두 활발해진다.

우리가 학습에서 말하는 언어적 능력은 사실 이러한 뇌 전체의 능력을 모두 포함하는 복합적인 능력이고, 이러한 기능들이 조화를 이루어야 언어적 능력이 제대로 발휘될 수 있다.

우리는 흔히 충격을 받아서 말을 잃거나 어린아이에게서 나타나는 함구증(mutism)을 '실어증'이라고 말하곤 하는데, 정확한 의미에서는 앞서 이야기한 것처럼 언어를 이해하거나 말로 표현하는 능력 자체에 문제가 생긴 상태를 '실어증(aphasia)'이라고 진단한다.

조현병의 대표적인 증상 중 하나인 '환청'도 측두엽 기능의 이상과 관련이 있다. 실제로 소리를 듣지 않았는데도 누군가의 말소리를 들은 것으로 인식하는 것은 뇌가 청각 자극이 아니라 언어적 자극을 따로 구분해서 처리하기 때문에 생기는 현상이다. 최근 연구에 의하면 외국어를 배우는 능력을 담당하는 부위도 측두엽에 존재하며, 이는 모국어를 배우는 부위와는 다르다는 사실이 밝혀졌다.

이처럼 측두엽이 제대로 발달하지 못하면 읽기 장애(난독증), 말을 표현하는 데 어려움을 겪는 화용 언어 장애, 말을 이해하지 못하는 수용 언어 장애 등 다양한 언어적 능력에 문제가 생길 수 있다. 반면 측두엽이 잘 발달하면 언어를 이해하고 다루는 능력이 높아지고, 타인과 효과적으로 의사소통할 수 있으며, 논리적으로 사고하고 토론하는 데 강한 아이가 된다. 이런 능력은 사회성은 물론 리더십을 키우는 데에도 중요한 토대가 된다.

수리 능력을 담당하는 두정엽

두정엽은 여러 정보를 연합하는 역할을 주로 한다. 최근 밝혀진 바에 의하면 수 개념은 주로 두정엽이 담당한다. 좌측 두정엽 부위를 전기 자극하거나 손상을 받은 환자들은 간단한 산수 문제도 처리하기 어려워했다. 이를테면 구구단을 암기할 수는 있으나 실제 상황에서 사용하기 어려워하는 일이 생기는 것이다. 현재 연구로는 정확하고 복잡한 계산일수록 전두엽과 측두엽이 관여하고, 수에 대한 감각을 묻는 기능일수록 두정엽 쪽이 많은 비중을 차지한다고 보고 있다.

공간 정보를 저장하는 후두엽

후두엽은 시각적 자극이 맨 처음 뇌에 전달되는 부위다. 여기서는 시각 자극의 형태와 운동 방향 등을 나누어 지각한다. 이 부위가 손상되면 사물이 있다는 것은 알지만 무엇인지 모르는 '실인증(agnosia)'이 생길 수 있다. 또한 우측 후두엽 부위가 손상되면 평소 희미한 유령과 같은 모습을 보게 되는 경우도 있다. 하지만 실제로 후두엽이 손상을 입는 경우는 사고나 뇌혈

관 질환 등 특수한 경우를 제외하고는 드물다.

정서를 담당하는 변연계

변연계는 두려움, 불안, 우울과 같은 감정을 느끼고 그와 관련된 기억에 관여하는 것으로 알려져 있다. 유명한 신경과학자 조지프 르두(Joseph LeDoux)는 불안을 느끼는 기전을 설명하면서 변연계의 역할을 강조했다.

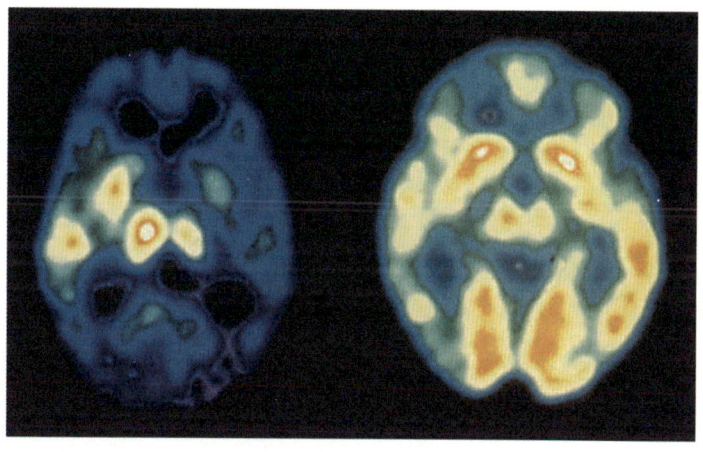

좌: 우울할 때의 뇌 활동 모습/우: 우울하지 않을 때의 뇌 활동 모습
미네소타에 있는 세계 최초의 비영리 종합병원인 메이요 클리닉(mayo clinic)에서 연구한 결과에 따르면, 우울할 때 뇌를 써야 하는 과제를 주면 뇌가 거의 포도당을 소모하지 않으며 활동도 줄어들었다. 우울하지 않을 때에는 포도당을 많이 사용하여 매우 활동적이다.
(사진 출처: Mayo Foundation for medical education and research)

예를 들어, 우리가 뱀을 보고 있다고 가정하자. 그때 눈에 들어온 이미지는 후두엽에 전달되고, 후두엽에서 형태와 운동 방향이 지각된 뒤 전두엽으로 정보가 전달된다. 그 과정에서 시상(thalamus)을 지나면서 일부가 편도체로 가서 '가늘고 구불구불한 움직이는 형태'는 위험한 것으로 저장되어 있는 과거의 정보를 우리의 기억에서 끄집어내게 된다. 그러면 우리는 순간적으로 '도망'을 치든지(대개 이럴 것이다) '싸우든'지 한다. 부엌에서 새끼줄을 보고 뱀인 줄 알고 놀랐다는 말도 이런 설명으로 이해할 수 있다.

변연계는 단순히 이러한 불안 반응에만 관여하는 게 아니라 더 큰 영향을 준다. 사람은 정서가 우울해지면 대뇌 전체의 활동성이 낮아지기 때문이다.

이렇게 뇌의 각 부분이 어떤 작용을 하는지 알고 나면 아이의 학습 부진 양상에 따라 대응 방법을 달리할 수 있게 된다.

1. 공부할 때는 '뇌 전체'가 종합적으로 작동한다.

공부를 할 때 시각·언어 입력(후두엽·측두엽) → 종합·판단(전두엽) → 실행(두정엽)까지 여러 뇌의 회로가 동시에 개입하며, 변연계의 정서 상태가 이 흐름을 증폭하거나 억제한다.

2. 지능지수(IQ)는 전두엽 기능과 연동되지만 절대값이 아니다.

지능지수는 시대와 연령에 따라 좌우되는 상대 지표라 변동이 가능하다. 또한 학업 성취도와의 연관성을 설명하는 데도 제한적이다. 지능이 높으면 무조건 공부를 잘한다거나 낮다고 공부를 못할 것이라 단정 짓는 것은 오판이다.

3. 사람마다 뇌의 모양은 다소 차이가 있지만, 학습에 관여하는 기본 기능은 동일하다.

아인슈타인의 뇌처럼 주름이나 크기에는 개인차가 있지만, 후두엽·측두엽·전두엽·두정엽 등 각 부위가 담당하는 역할 자체는 모두 같다. 따라서 뇌 기능을 이해하면 개인차와 무관하게 효과적인 학습 전략을 세울 수 있다.

공부 뇌 발달의 결정적 시기

학습에도 기초 체력이 필요하다

오늘날의 교육 환경은 과거와 비교할 수 없을 만큼 급격히 변화했다. 정보량은 기하급수적으로 늘었고, 디지털 기기는 유아기부터 일상이 되었다. 예전에는 자연 속 놀이와 반복 학습이 아이의 인지 발달을 이끌었다면, 지금은 인공지능 학습 프로그램과 영상 콘텐츠가 그 자리를 대신하고 있다.

앞서 살펴본 디지털 기기 환경 속에서 아이들은 겉으로 보기엔 효율적이고 앞서 나가는 것처럼 보여도 실상은 아이의 주의력, 정서 조절력, 자기주도성이 충분히 형성되지 않은 상태에서 외부 자극과 정보만 과도하게 입력되는 경우가 많다.

그 결과, 아이들은 학습의 기초 체력을 충분히 기르지 못한 채 고학년으로 올라가고, 학습 동기 저하, 집중력 저하, 정서 불안 등의 문제가 빈번하게 나타난다. 부모들은 아이가 왜 갑자기 공부를 싫어하게 되었는지, 왜 자꾸 산만해지는지 이해하지 못하고 불안해하지만 그 시작은 오히려 너무 이른 시기에 '학습만' 강조된 환경에서 비롯된 경우가 많다.

그렇기에 더욱 아이의 뇌 발달 시기에 맞춘 교육과 학습 능력에 대한 이해가 중요해졌다. 학습 능력은 단순한 암기력이 아니라, 주의력, 기억력, 정서적 안정, 학습 전략의 활용 능력이 조화를 이룰 때 비로소 성장한다.

학습에도 요령이 있다. 학습 능력을 점검하고 키우는 것이야말로 아이의 미래를 위한 가장 중요한 교육이다. 특히 어려서부터 이러한 특성을 잘 파악해야 학년이 올라갈수록 높아지는 학습 강도에 유연하게 적응할 수 있다.

초등학교에 갓 들어간 아이가 알림장을 제대로 써오지 않았다. 그럴 때 부모는 무턱대고 야단을 칠 것이 아니라 왜 써오지 못했는지 파악해야 한다. 선생님이 말씀하시거나 칠판에 적어주는 것이 뇌에 입력이 되지 않는 것인지, 아니면 쓰는 속도가 너무 느려서 다 못 적어오는 것인지, 아니면 듣기도 하고 적기도 하지만 그 의미를 다 파악하지 못하는 것은 아닌지……. 이런 사항들을 파악하려고 노력하고 궁금해해야 아이가 학습에서 어떤 문제를 안고 있는지 파악할 수 있다.

이러한 문제들은 뇌의 기본적 인지 기능들이 제 기능을 잘 못할 때 생길 수 있다. 학습과 관련된 신경 기능에 해당하는 능력으로는 주의력, 기억력, 언어 능력, 사고력, 창의력이 있다. 이 밖에도 운동 능력과 이러한 기능이 작용하도록 도와주는 감정 조절 능력도 필요한 요소다. 이 기능들에 관해서는 2장에서 자세히 다룰 것이다.

부모는 아이가 어려서부터 내 아이가 무엇을 잘하고 무엇을 어려워하는지 알아보려는 노력을 지속적으로 하는 것이 중요하다. 아이의 학습 기능을 잘 파악하는 부모는 아이의 학년이 올라갈수록 점점 더 아이의 특성과 장단점에 대해 많은 정보를 갖게 되어 아이를 이해할 수 있다. 문제가 심각해진 뒤 어느 날 갑자기 고쳐보려면 훨씬 힘이 많이 들게 된다.

인지 능력과 학습의 발달 단계

"아이는 작은 어른이 아니다"라는 의학 격언이 있다. 몸집만 작을 뿐 어른과 똑같다고 생각하면 안 되며, 아이는 끊임없이 변화, 성장하고 있으므로 그에 맞춰서 진료를 해야 한다는 뜻이다. 학습에 있어서도 마찬가지다. 아이의 나이에 따라 발달 과정에 따라 할 수 있는 일과 할 수 없는 일이 나누어지기 때문에 이것을 알고 각 과정에 알맞은 학습을 하도록 이끌어주어야 한다.

인간의 뇌에서 학습이 일어나는 동안 뇌의 신경세포들은 마치 릴레이 경주를 하듯 이웃한 신경세포에서 전기적 자극을 전달받고, 그것을 인접해 있는 신경세포에 전달한다. 이웃한 신경세포에 자극을 일으키는 부위를 '시냅스'라고 하는데, 신경세포 하나는 평균 1만 가지의 변화를 가질 수 있다.

그런데 흥미로운 점은, ==정보 전달이 한 번 이루어지면 다음에도 같은 정보를 처리할 때 이전에 정보가 전달되었던 경로로 가려 한다는 사실이다.== 같은 길로 가다 보면 점점 처음보다 더 빠른 속도로 더 많은 정보를 전달하게 된다. 처음에는 숲에 길이 없었지만 사람들이 자꾸 다니다 보니 오솔길이 생기고 점점 큰 길이 되는 것처럼 말이다.

아이가 태어난 직후 수개월간 이 시냅스의 수는 폭발적으로 증가한다. 이는 아이가 세상에서 공부할 준비를 하는 것이다. "나에게 얼마나 많은 일들이 일어날까? 그것을 통해 많은 것을 배워야지" 하고 말이다. 아이에게 사랑과 행복을 배우게 할 것인지, 공포와 분노를 배우게 할 것인지는 오롯이 부모에게 달려 있다.

이렇게 늘어났던 시냅스는 사춘기(16~18세)를 지나면서 그 수가 줄어든다. 이는 무성하게 자란 가지의 수를 줄이는 가지치기와 흡사한데, 이때까지 살면서 많이 다녔던 길, 사용했던 시냅스는 그대로 두고, 쓰이지 않는 시냅스를 없애는 것이다. 그렇다면 이 시기 전까지 다양한 학습(교과 공부만을 뜻하는 것이 아니다)을 통해서 많은 시냅스를 사용하는 편이 당연히 학습에 유리하다. 이 소중한 시간들을 획일적인 학원 교육으로 성적만 올리는 데 투자한 사람의 뇌는 그 외의 문제에 대해서는 학습해 놓은 시냅스, 신경회로가 없기 때문에 문제 해결 능력이 떨어질 수밖에 없다. 반면 같은 상황도 다양하게 생각해본 사람은 여러 시냅스, 신경회로를 가지고 더 빨리 문제를 해결할 것이다. 사회에서는 이런 사람을 '창의성이 있다' 혹은 '문제 해결 능력이 뛰어나다'라고 말한다. 결국 창의성과 영재성은 학원에서 인위적으로 길러지는 것이 아니라 아이가 성장하는 동안 경험한 순간순간들이 모여 길러지는 것이다.

공부 뇌 발달의 골든 타임은 언제인가

유아기 뇌 발달에서 가장 주목할 만한 변화 중 하나는 시냅스의 폭발적 증가다. 시냅스는 뉴런 간 정보를 전달하는 연결 구조로, 그 밀도와 형성 양상은 학습과 인지 능력의 기반이 된다. 이 현상을 가장 체계적으로 밝혀낸 연구자는 미국의 소아

신경학자 피터 후텐로허(Peter Huttenlocher)다. 그는 1979년 발표한 논문에서 인간의 전두엽 피질을 연령별로 해부하여 시냅스 밀도의 시간적 변화를 계량적으로 제시했다. 연구 결과에 따르면, 시냅스 밀도는 생후 몇 개월 내에 급격히 증가해 2세 전후에 성인의 약 두 배 수준에 이르고, 이후에는 경험과 사용 여부에 따라 불필요한 연결이 제거되는 시냅스 가지치기(synaptic pruning) 과정이 시작된다.

후텐로허는 이를 통해 "인간의 뇌는 생후 초기 몇 년 동안 가장 가소성이 높으며, 이 시기는 외부 자극에 따라 뇌 회로가 형성되는 결정적 시기"라고 강조했다. 이러한 발견은 이후 영유아기 교육, 정서 자극, 환경 제공의 중요성을 과학적으로 뒷받침하는 핵심 근거가 되었으며, 경험 의존적 뇌 발달 이론의 출발점이 되었다. 후텐로허의 연구는 오늘날에도 뇌 발달과 조기 개입의 중요성을 설명할 때 가장 자주 인용되는 고전적 근거로 평가된다.

우리나라에서도 이러한 과학적 발견이 널리 알려지며, 1990년대 후반부터 조기 영어 교육, 영유아 수학 교실, 영재 프로그램 등에 대한 사회적 열풍이 일었다. 대표적으로, 생후 36개월 이전의 언어 자극이 뇌 발달에 결정적이라는 과학자들의 주장을 인용하며 조기 영어교육 시장이 크게 성장했다. 그래서 영어 유치원이라는 영어 학원이 마치 갈 수만 있다면 꼭 가야 하고, 좋다고 하는 영어 유치원(영어 학원)에 들어가기 위한 입학 테스트에 아이들이 내몰리고 있는 것이 현실이다. 영어를 '원어민처럼' 하게 하려고 아이를 영어 유치원에만 보내고 놀이터에서 아이들과 놀지도 못하게 하고, 심지어 부모도 가정 내에서 영어로만 대화하려고 한(부모는 영어 능통자가 아니었음에도) 사례도 있었다. 그러나 해당 아동은 언어 표현은 빨랐지만 또래 관계 형성에 어려움을 겪고, 놀이 상황에서 불안을 보였다.

이러한 사례는 뇌과학적 사실이 맥락 없이 소비될 때 발생할 수 있는 왜곡된 실천을 보여준다. 후텐로허의 연구는 '뇌의 가소성이 높은 시기에 풍부한 경험과 상호작용이 필요하다'는 것을 말한 것이지, 인지적 훈련만을 극대화하라는 의미가 아니다. 다시 말해, ==시냅스가 많이 형성된다고 해서 그 자체가 학습의 질을 담보하는 것은 아니며, 오히려 어떤 연결이 남고 가지치기 되는가는 아이의 정서적 안정, 자율성, 의미 있는 관계 속 경험에 따라 달라진다는 점이 점점 더 강조되고 있다.==

결국 중요한 것은 시냅스의 숫자 자체가 아니라 어떤 경험 속에서 연결이 만들어지고 가지치기되는가다. 뇌는 일정한 시간표에 따라 서로 다른 기능과 회로를 순차적으로 발달시키기 때문에, 이러한 발달의 흐름을 이해하는 것이 무엇보다 중요하다. 다음은 그 시간표에 따라 연령대별로 뇌가 어떻게 성장하고 변화하는지를 단계별로 정리한 것이다.

0~2세: 뇌의 기초가 만들어지는 시기

태어난 직후 아이의 뇌에서는 엄청난 변화가 일어난다. 한 뉴런에서 다른 뉴런으로 신호를 전달하는 연결 지점인 시냅스가 폭발적으로 만들어지면서, 감각과 운동을 담당하는 피질의 시냅스 밀도는 성인의 수준을 훌쩍 뛰어넘는다. 이때 뇌의 피질은 급격하게 두꺼워지고, 표면적도 넓어진다. 전두엽과 다른 영역들 사이의 연결도 더 촘촘해진다. 쉽게 말해, 뇌의 기본 도로망이 이 시기에 깔리는 것이다.

또한 생후 12개월 이전에 '미러 뉴런 시스템'이라는 중요한 신경회로도 형성된다. 이는 아이가 타인의 행동을 보고 있을 때 마치 자신이 직접 행동하는 것처럼 뇌가 반응하는 기능이다. 이 덕분에 아기는 부모의 표정을 따라 하거나 말소리를 흉내 내고, 이런 모방을 통해 사회적 관계의 기초를 배우기 시작한다.

이 시기에 엄마와의 애착 관계도 거의 완성되는데, 애착 관계가 잘 형성된다는 것은 엄마에 대해 따뜻하고 나를 사랑해주고 돌보아주는 존재라는 개념이 확실히 형성됨을 의미한다. 엄마는 나에게 젖을 주고 씻겨주고 재워주기도 하지만 때로는 밥을 늦게 주거나 나를 혼내기도 하는데, 이를 통틀어서 아이가 엄마를 어떻게 받아들이느냐에 따라 애착 관계가 결정된다. 이 시기 아이에게 특히 따뜻함과 사랑을 충분히 주어야 힘은 두말

할 나위도 없지만, 이 또한 뇌에서 한 대상에 대한 정보를 통합하여 하나로 만들 수 있는 능력이 완성되기 때문에 가능한 일이다.

언어와 수리 능력의 기초도 물론 이 시기에 발달한다. 예를 들어, 청각과 운동 영역이 출생 후 수개월 내에 함께 발달하면서 생후 7~12개월 무렵에는 소리를 듣는 데서 나아가 '어떻게 말할지'를 뇌가 계획하기 시작한다. 또한, 생후 5개월 유아가 단순 덧셈·뺄셈을 '기대 위반' 방식으로 인식한다는 연구도 있다. 인지발달학자 캐런 윈(Karen Wynn)은 아기의 눈앞에 인형 한 개가 놓여 있는 상황에서 한 개를 더 놓은 후 아기의 시야를 가렸다가 다시 보여주는 기대 위반 실험을 진행했다. 이 실험을 통해 인형이 두 개가 아니라 한 개만 있을 때 아기들이 그 장면을 더 오래 바라보는 것을 발견했다. 이는 '인형 두 개가 있어야 한다'는 수리적 직관이 이미 이 시기의 아기에게 존재함을 보여준다.

2~7세: 실행 기능과 사회성이 자라는 시기

이 시기는 아이의 언어 능력과 사회성이 폭발적으로 자라는 때다. 뇌 안에서 말을 만드는 영역인 '브로카 영역'과 이해하는 영역인 '베르니케 영역'이 발달하고, 이 두 영역을 연결하는 대뇌궁상섬유(arcuate fasciculus)의 구조적·기능적 성숙이 빠르게 이루어진다. 그래서 이 시기 아이들은 수천 단어를 습득하고 말하기·듣기 능력이 눈에 띄게 성장하며 상징·모방 놀이에 몰두한다. 이 시기를 '언어 폭발기'라고 부르는 이유다. 다섯 살까지는 간단하고 구체적인 개념들을 서로 연결 지어가면서 발달을 하고, 일곱 살이 되면 개념들로 간단한 체계를 만들 수 있게 된다. 수 개념이 본격적으로 생기는 것도 이 시기다.

또한 심리학자 장 피아제(Jean Piaget)가 말한 '전조작기' 단계에 들어서면서 세상을 이해하는 방식에도 변화가 생긴다. 대표적인 특징이 자아중심성(egocentrism)으로, 즉 '내가 보는 세상이 전부'라고 여기는 경향이 나타난다. 아직 타인의 관점을 인식하고 조율하는 뇌 회로인 상위인지 네트워크(executive/social cognition network)가 덜 발달했기 때문이다.

상위인지 네트워크는 타인의 시각이나 감정을 이해하고 자기 관점과 비교하는 과정에서 자연스럽게 훈련된다. 아이는 놀이를 통해 다른 사람의 입장을 이해하게 된다. 특히 역할놀이는 발달에 꼭 필요한 놀이다. 역할을 바꾸며 언어·사회 인지를 연결하는 과정에서 아이는 '다른 사람은 나와 다르게 생각하고 느낄 수 있다'는 것을 몸소 배우게 된다.

7~11세: 학습 능력과 자기조절력이 자라는 시기

이 시기에는 '두뇌 사령탑'이라 불리는 전두엽이 빠르게 발달하면서 실행 기능(executive function)이 눈에 띄게 성장한다. 실행 기능이란, 배운 내용을 머릿속에 잠시 저장해두는 능력인 작업 기억, 필요한 정보에 집중하는 주의력, 상황에 따라 유연하게 생각하는 인지적 유연성 등을 말한다.

이 시기 아이들이 피아제가 말한 '보존', '서열화', '분류'처럼 점점 더 논리적으로 사고할 수 있게 되는 것도 이와 같은 실행 기능이 자라기 때문이다. 뇌 안에서는 전두엽과 두정엽을 연결하는 주요 회로가 점점 더 치밀하게 얽히고, 동시에 서로 간섭하지 않도록 기능별로 잘 분리되기도 한다. 쉽게 말해, 정보를 더 빨리 모아 정리하는 도로는 점점 넓어지고, 서로 방해하지 않도록 차선을 나누는 신호 체계도 함께 정비되는 것이다. 이를 통해 뇌는 정보를 훨씬 효율적으로 처리할 수 있게 된다.

실제로 QEEG 검사를 통해 뇌의 부위 간 연결성이 너무 낮거나 분리도가 너무 떨어져 있는 아이들은 많은 경우 고차원적인 학습, 예를 들면 수학 문제를 풀거나 과학 실험을 하는 일처럼 복잡한 과제를 수행할 때 어려움을 겪

> **QEEG(정량뇌파) 검사란?**
> 뇌의 전기적 활동을 정량적으로 분석하여 평가하는 검사로, 뇌의 여러 부위를 동시에 측정하는 것이 가능하다.

는다. 여기서 기억할 점은 아주 단순하더라도 추상적인 개념이 생기려면 열 살은 되어야 한다는 것이다. 4학년에 가서야 수학 교과서에 도형의 정의나 평행선과 같은 정의 및 약속이 나오는 것도 다 이와 같은 뇌의 발달과 맞아떨어지기 때문이다.

12~18세: 감정 조절과 정체성이 완성되는 시기

사춘기에 접어들면 뇌는 또 한 번 큰 변화를 맞는다. 전두엽에서 필요 없는 시냅스를 정리하는 '시냅스 가지치기'와 신경 신호를 빠르게 전달하도록 돕는 '수초화'가 활발해진다. 이 과정에서 사고 능력은 한 단계 도약하며, 청소년은 추상적으로 생각하고, 가설을 세워 논리적으로 추론하며, 체계적으로 계획을 세우는 능력을 갖추게 된다.

사춘기의 중학생들을 보면 자신의 논리를 상당히 신뢰하고 적극적으로 표현하는 특성을 보이는데, 이는 한창 자신이 갖고 있는 추상적 사고들을 연결해서 하나의 흐름으로 만드는 작업을 하는 시기라서 그렇다. 하지만 자신의 경험을 일반화하는 과정에서 적지 않은 오류가 생겨 어른들과 갈등을 빚기도 한다. 적어도 스물다섯 살은 지나야 어떤 원칙을 찾아낼 수 있을 만큼 추상적 개념들을 정교하게 엮을 수 있는 것으로 보인다. 스무 살짜리 천재는 있지만 그 나이 대에 위대한 사상가가 없는 것도 뇌의 발달과 무관하지 않을 것이다.

이 시기 뇌 발달에서 특히 중요한 것은 '메타인지(metacognition)'다. 메타인지란 쉽게 말해 '내가 지금 무슨 생각을 하고 있는지'를 인식하고 조절하는 능력이다. 이는 뇌 영상 연구에서 전전두엽 기능의 정교화와 깊은 연관이 있으며, 청소년 후기에 최고 수준에 도달한다.

메타인지는 자기주도 학습, 정서 조절, 타인 이해 등에서 중요한 역할을 하며, 특히 정체성 형성에도 밀접한 영향을 미친다. 청소년은 '나는 누구인가? 앞으로 어떤 사람이 되고 싶은가?'를 고민하게 되고, 사회적 뇌 회로가 활성화되면서 나와 타인의 관점을 비교하고 통합할 수 있게 된다. 이러한 과정은 청소년이 자신의 가치관과 목표를 설정하고 삶의 방향을 결정하는 심리적 기반이다.

이처럼 뇌는 각 시기에 따라 뚜렷한 성장 단계를 거치며 질적으로 발달한다. 여기서 특히 주목할 시기는 만 열 살 전후다. 앞의 발달 과정을 보면 세 살부터 열 살 전까지는 넓은 관점에서 한 묶음이 된다. 열여덟 살 전후로 발달 단계를 구분할 수도 있지만 이 단계의 변화는 개인차가 커서 다소 무리가 따르기 때문이다. 스물을 훌쩍 넘어서도 자신의 사고 체계 내에서 어떠한 원칙을 추려 낼 수 없는 사람들도 있다. 하지만 열 살 전후에 추상적 사고를 하느냐 그렇지 않느냐는 굉장히 중요한 문제다.

그러나 이와 같은 뇌의 발달 단계를 무시하고 조기 교육의 열풍이 부는 것은 공부에는 결정적 시기가 있고, 그 시기가 4~10세라는 강한 믿음 때문이다. 이러한 믿음이 단지 "공부에는 때가 있다"는 말에서 나온 것만은 아니다.

1993년, 미국 〈시카고 트리뷴〉의 기자 로널드 코트락(Ronald Kotulak)은 저서 『인사이드 더 브레인(Inside the Brain)』에서 "4~10세의 아동이 더 빨리 더 쉽게 많이 배운다"는 주장을 펴 큰 반향을 일으켰다. 코트락은 뇌의 인지 기능에 대한 과학 기사로 1994년에 퓰리처 상을 수상하기도 했다.

또한 미국 미시간 주립 아동병원의 해리 추가니(Harry T. Chugany) 박사는 "4세까지는 뇌 신경세포의 포도당 소모량이 성인의 2배 정도이며, 4~10세에는 이 상태를 유지하다가 10세 이후에 급격히 감소한다"는 사실을 밝혀냈다. 그의 보고서는 4~10세의 왕성한 뇌 활동 시기에 학습이 더 잘된다는 주장에 힘을 실어주었다. 하지만 이것만으로 다섯 살 아이가 열다섯 살 아이보다 더 많이 더 쉽게 배운다고 단정 지어 말할 순 없다.

너무 이른 시기부터 과도한 선행 학습으로 뇌 발달을 지나치게 자극하면 신경 연결은 일부 과도하게 고정되고 가지치기는 왜곡될 위험이 있다. 예를 들어, 지나친 암기 위주의 조기 영어·수학 학습은 언뜻 언어와 수리 능력을 키우는 듯 보이지만, 오히려 정서적 자율성이나 창의성, 사회적 인지 발달을 저해할 수 있다. 심지어 스트레스로 인해 '코르티솔(cortisol)'이라는 호르몬이 과다 분비되면 뇌의 회로 발달과 정서 조절 능력에도 악영향을 줄 수 있다.

열 살 이전에 뇌가 왕성하게 활동하는 것은 사실이다. 그러나 이를 학습 활동으로 연결시킬 수 있는 능력은 열 살부터 시작된다. 실제로, 퍼트리셔 골드먼 라키치(Patricia Goldman-Rakic) 박사는 시냅스의 안정화가 일어나는 열 살 이후에 더 많은 학습이 이루어진다고 보고하고 있다. 따라서 열 살 이전에 추상적 사고 능력과 공부 뇌 전략을 세워 놓아야 초등 고학년부터 제대로 된 공부 습관을 들일 수 있다. 또한, 뇌는 다양한 자극과 경험의 균형 속에서 발달한다. 과도한 선행 학습은 일시적으로 성과를 낼 수 있을지 몰라도 장기적인 인지·정서·사회적 건강 발달 면에서는 반드시 유익하지는 않을 수 있음을 명심하자. 이것이 바로 평생 좋은 성적을 보장받는 출발점이다.

1. 학습에도 기초 체력이 필요하다.

아이의 주의력, 정서 조절력, 자기주도성이 충분히 형성되지 않은 상태에서 조기 학습만 강조하면, 고학년으로 갈수록 집중력 저하·학습 동기 하락 같은 문제가 생기기 쉽다. 겉보기엔 앞서 나가는 것처럼 보여도 '공부 체력'이 없는 아이는 학년이 오를수록 점점 버거워한다.

2. 학습 능력은 단순한 암기가 아니라 인지력과 정서력이 결합된 능력이다.

공부를 잘하는 아이는 기억력뿐 아니라 주의력, 정서 조절력, 자기 주도성, 전략 활용 능력이 함께 발달해 있다. 한쪽 능력만 강조하는 교육은 장기적으로 한계를 만든다.

3. 아이의 학습 발달은 시냅스가 만들어지고 다져지는 과정이다.

반복 학습은 뇌에 정보가 통하는 일종의 '신경 고속도로'를 만든다. 어릴 때 다양한 경험을 제공할수록 뇌의 회로망이 풍부해지고 학습 효율이 올라간다. 이렇게 만들어진 시냅스는 사춘기 전후로 가지치기되어, 16~18세 무렵 자주 사용된 신경회로는 남고, 쓰이지 않는 회로는 제거된다.

1. 추상적 사고가 시작되는 시점은 열 살 전후다.

열 살 이전에는 단순하고 구체적인 개념이 형성되고, 열 살 전후부터 개념을 연결하고 추상화할 수 있는 능력이 생긴다. 그렇기에 초등 저학년 시기의 학습은 '앞서가기'보다 '생각하는 근육'을 기르는 데 초점이 맞춰져야 한다.

5. 4~10세는 뇌가 가장 활발하게 활동하는 골든 타임이다.
이 시기의 뇌는 성인의 두 배에 가까운 에너지를 쓰며, 인지 기능 발달에 매우 유리한 상태다. 이때 조기 주입식 학습이 아니라 경험 중심의 풍부한 자극이 핵심이다. 10세 이전엔 '학습 준비'를, 10세 이후엔 '공부 전략'을 세워야 한다. 이 시기가 평생 성적의 출발점이 된다.

2장

뇌를 알면 공부 전략이 보인다

뇌와 인지 능력

　이 책을 읽는 부모님이라면 당장 아이의 성적을 올리는 학원에만 시선이 몰려 있는 것이 아니라 효과적으로 공부하는 원리와 방법에 대해 관심이 많은 분들임에 틀림이 없다고 생각한다. 하지만 효과적으로 공부하는 방법을 '뇌'에서 찾는 경우는 아직 많지 않은 것 같다. 그러나 공부는 뇌가 한다. 이 사실을 모르는 사람은 없다. 그러면서도 뇌가 어떻게 활동하여 학습이 되는지에 대해서는 별로 관심이 없는 것 같다. 그냥 열심히 오래 공부하면 된다고 생각하는 사람들이 많다.

학습에도 성장 곡선이 있다

　어느 유행가 가사처럼 '얼굴은 V라인, 몸매는 S라인' 하는 것을 보면 우리 몸엔 의사인 나도 모르는 많은 라인이 있는 것 같다. 그런데 학습에도 S라인이라 부를 만한 성장 곡선이 있다. 이 S라인이 있어야 공부의 효과가 크게 나타난다.

　공부를 하면 우리 머릿속에 얼마나 잘 들어갈까? '배운 게 머리에 쏙쏙 들어간다'고들 하는데, 배운 내용이 머리에 들어가는 학습 성장 곡선을 그려 보면 S자 모양을 띤다. 뇌과학 연구에 의하면 사람이 어떤 기능을 익힐 때(말하기, 쓰기, 수학, 달리기 등 어떤 것이든) 초반에는 연습을 해도 잘 늘지 않다가 어느 시점까지 꾸준히 지속하면 그때 폭발적으로 증가하는 양상을 보인다고 한다. 이는 겨우내 잔디밭이 흙빛이다가 어느 날 아침 갑자기 파릇한 기운을 띠는 것과 비슷하다.

　우리가 꾸준히 학습을 하는 동안 뇌는 시냅스를 만들고 강화시켜나가다가, 어느 시점이 되면 뇌 신경회로의 효율이 비약적으로 증가한다. 따라서 공부는 꾸준히 반복적으로 하는 것이 효율적이며, 이와는 반대로 벼락치기 공부법은 효율성이 떨어진다.

　이 S자 곡선을 보고 있으면 더 많은 사실을 알 수 있다. 우선 사람에 따라 비약적으로 발전하는 시점이 다를 수 있다는 점이다. 배우면 빨리 느는 아이가 있고 배워도 느는 것 같지 않은 아

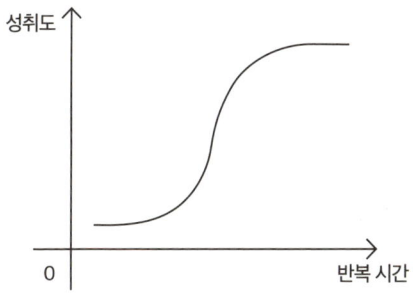

학습의 S곡선(learning curve)

이가 있는데, 이것만 가지고 그 아이의 공부머리를 가늠할 수는 없다. 지금 빨리 익힌다고 해서 성적이 좋은 것도 아니요, 또 지금 천천히 익힌다고 해서 덜 알고 있는 것도 아니라는 얘기다. 봄이 되면 새싹은 반드시 돋아난다. 괜히 아이를 다그쳐서 공부에 대한 흥미와 자신감을 잃어 배우고 익히는 일을 멀리하게 만들지 말아야 한다.

뇌를 알아야 학습법도 통한다

비약적으로 성장하는 시점에 좀 더 많은 성장을 이루려면 어떻게 해야 할까? 이 문제에 가장 큰 영향을 주는 것은 신경회로의 연결 부위인 시냅스가 얼마나 효율적으로 형성되어 왔는가다. 시냅스가 효율적으로 형성된다는 것은 즉 생각하는 방법,

==배우는 방법이 효율적이라는 뜻이다.==

"어떻게 하면 뇌에서 효과적으로 학습이 될 수 있을까?"에 대한 고민 자체가 적은 것이 주 원인이겠지만, 그동안 뇌에 대해서는 잘 모른다며 지레 포기해버리는 탓에 뇌의 기능과 역할을 이해하고 학습에 접목하는 행위가 비교적 중요하게 생각되지 않았다. 하지만 뇌에 대한 이해는 선택이 아니라 필수이며 현실이다. ==왜냐하면 몇 살 때까지는 어떤 선행 학습을 해야 하는지, 언제까지 무슨 과목을 끝내야 명문대를 갈 수 있는지, 과연 선행 학습이 뇌의 발달에는 어떤 영향을 주는지 등에 대한 답은 다름 아닌 뇌가 제시해주기 때문이다.==

시중에도 이미 여러 가지 학습법이 개인적 경험을 토대로 제안되었고, 각종 학습법과 코칭의 이름으로 수많은 책과 강연, 학원들이 쏟아져 나오고 있다. 하지만 아직 '이것'이라고 확실히 인정받은 것이 없는데, 이는 수많은 방법들이 기대만큼의 효과를 일관되게 얻지 못하고 있기 때문이다. 이러한 상황을 감안해볼 때 이 책에서 설명하고 있는 여러 공부 전략에 대한 이해는 물론이고, 시중에 넘쳐나는 학습법에 대해 중심을 가지고 판단하기 위해서도 뇌에 대한 이해와 관심은 더욱 중요하다 볼 수 있다.

예를 들어보자. 부모는 자녀가 몇 시간을 계속해서 공부하는지에 관심이 많다. 한번에 앉아서 4시간을 꼼짝 않고 하는 것을 열심히 한다고 생각하고, 30분도 안 되어서 움직이면 집중을 못하고 성의가 없다고 간주한다. 뇌에 대한 이해를 바탕으로 생각하면 이런 관점은 틀렸다.

우선, 초등학교 5학년 정도까지는 한번에 60분을 집중하는 것은 어려운 일이다. 적어도 6학년, 중학교 1학년은 되어야 가능해진다. 게다가 뇌는 한번에 오랜 시간 집중하는 데 한계가 있기 때문에, 40~50분 정도 집중한 후 짧은 휴식을 취하는 것이 오히려 집중을 유지하고 기억을 저장하는 데 더 도움이 된다.

영어 단어를 암기하는 경우도 생각해보자. '옆집 아이는 하루에 100개를 외운다던데' 하는 생각에 부아가 날 수도 있다. 하지만 이러한 대량 기억은 적어도 중학교 2학년 정도가 되어야 갖출 수 있는 능력이다. 이전에 무리하게 대량 기억을 시도해도 효율이 떨어지고 공부에 대한 흥미만 더 떨어뜨리는 경우가 많다. 외우는 방법에서도 뇌의 작동 원리를 아는 것이 효율적이다. 단순히 반복해서 쓰는 방식은 작업 기억만을 지나치게 소모할 뿐, 장기 기억으로 잘 저장되지 않는다. 반복보다는 내용을 전략적이고 능동적으로 떠올리고, 의미를 연결하며 연습하는 과정이 훨씬 더 효과적으로 기억할 수 있는 학습 전략이다.

이처럼 공부법을 판단할 때는 단지 '유명하다'거나 '많이들 한다'는 이유만으로 따를 것이 아니라 그 방식이 실제로 뇌의 학습 메커니즘과 맞는지에 대한 이해가 선행되어야 한다.

지난 10년간 신경과학 분야가 비약적으로 발전하며 과거에는 답하지 못했던 질문들에 대해 많은 사실을 발견했지만 아직까지도 '공부의 왕도'는 없다. 그래도 최소한 해야 할 것과 하지 말아야 할 것이 무엇인지, 왜 그래야 하는지 정도는 밝혀졌다. 이 책을 읽고 나면 무엇을 왜 하지 말아야 하고 또 무엇은 왜 해야 하는지를 구분하는 데 도움을 얻을 수 있을 것이다.

아이의 학습을 결정짓는 뇌 구조

고대 이집트 사람들은 사람의 정신이 심장에 있다고 믿었다. 그래서 미라를 만들 때에도 뇌는 다 버리고 심장은 남겨두었다고 한다. 하지만 인간의 모든 지적 활동이 뇌에서 이루어진다는 것은 현재 누구나 알고 있는 상식이다.

무게가 약 1.5킬로그램 정도 되는 뇌는 1,000억 개 이상의 신경세포들로 이루어져 있다. 신경세포들 하나하나는 평균 1만 개 정도의 연결 부위를 가지며 다른 신경세포들과 이어져 있다. 이 연결 부위의 신호는 몸속에 있는 특수한 화학 물질들이 신경세포 내로 들어갔다 나왔다 하면서 생기는 전기적 변화에 의해서 이루어지는데, 이러한 역할을 하는 물질들을 '신경전달물질'이라고 한다. 도파민, 세로토닌(serotonin), 노르에피네프린과 같은 물질들이 여기에 속한다.

뇌세포들은 매우 복잡하게 얽혀 있지만 비슷한 역할을 하는 것끼리 모여서 존재한다. 보통 뇌 하면 떠올리는 쭈글쭈글한 부위가 그 예인데, 나는 이 부위를 '이성 뇌'라고 부른다. 이성 뇌는 앞에서 살펴봤던 전두엽, 측두엽, 두정엽, 후두엽으로 나뉜다. 우리가 보고 듣고 만지고 맛보는 모든 감각과 정보들이 모이는 곳이며 분석, 판단, 행동을 결정하는 일 또한 이곳에서 이루어진다. 다른 포유류보다 월등히 발달한 기관이며 이 덕분에 인간이 만물의 영장의 지위에 이를 수 있었다고 해도 과언이 아니다.

이 중에서도 인간 이성의 결정체는 전두엽이라고도 할 수 있다. 앞서 말한 것처럼 인간의 인지 능력에 관한 연구 결과 중 대부분이 이 전두엽을 조사하면서 얻은 것들이다.

한편 이성 뇌의 아랫부분이자 뇌의 한가운데에는 희로애락의 감정을 담당하는 부위가 자리 잡고 있다. 신경과학자나 인지심리학자들은 이 부위를 '정서 뇌'라고 부른다. 의학적으로는 시상, 시상하부, 해마, 편도체 등이 해당되며 또 다른 이름으로는 변연계라고 한다.

이 부분은 정서에 대한 반응을 담당하는데 기억과 집중력에도 중요한 역할을 한다. 봄에는 왜 마음이 싱숭생숭해지는지, 특정 냄새에 왜 민감해지는지 등의 내용과 연관된 부위가 정서

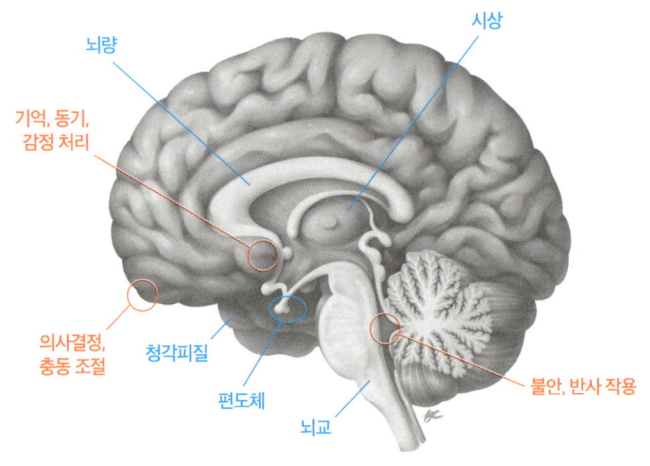

변연계의 기능

뇌다. 그런데 반드시 알아야 할 점은, 전두엽이 정서 뇌 부위와 신경회로가 가장 밀접하게 연결되어 있다는 사실이다. 정서 뇌가 어떻게 움직이는가에 따라 전두엽이 활발하게 움직이기도 하고 전혀 움직이지 않기도 한다. 정서 뇌는 그런 의미에서 인간 인지 능력의 온·오프 스위치라고 할 수 있다.

이 밑에는 척수와 연결되어서 항상 일정하게 반응해야 하는 것들을 관장하는 부위가 존재한다. 예를 들면 호흡(잘 때도 숨은 쉰다)과 같은 것을 담당하는 부위인데, 나는 이것을 '반사 뇌'라고 부른다.

> 더 읽을거리

좌뇌와 우뇌의 차이, 그 진실

좌뇌와 우뇌의 구분은 우리나라 사람들에게는 혈액형 다음으로 익숙해져 있는 것 같다. 실제 뇌과학 연구에서도 오른손잡이와 왼손잡이를 구분해서 실험을 하는 것을 보아도 알 수 있듯이 뇌의 좌우는 분명히 비대칭적이다.

흔히 알려진 대로, 좌뇌는 분석적이고 논리적이다. 목록과 숫자, 순서적 정보 처리에 더 많이 관여한다. 우뇌는 이에 비해 직관적이고 공간적, 동시간적 정보 처리를 잘한다. 음악적 지각, 미적 감각, 상상력에 더 많이 관여하며 창의성과 관련이 높다는 연구 결과들이 발표되고 있다.

하지만 일상생활에서나 학습 상황에서 과연 이러한 좌뇌와 우뇌의 차이가 존재하는가에 대해서는 이견의 여지가 많다.

우선, 현재까지의 연구 결과를 보면 좌뇌와 우뇌의 기능 차이는 그렇게 현저하지 않다. 다만 시각적 영역을 담당하는 부분과 언어적 영역을 담당하는 부분이 뚜렷한 뇌의 편재성, 즉 좌·우뇌의 차이를 보여주고 있다. 좌뇌와 우뇌는 뇌량이라는 교량 부위에 의해 서로 정보를 교환하는데, 아마도 이러한 구조가 좌·우뇌의 뚜렷한 차이를 없애는 원인일 것으로 짐작된다. 그러므로 지나치게 좌뇌형, 우뇌형으로 아이를 나누어서 보고 이분법적으로 접근하는 것은 매우 위험한 일이다.

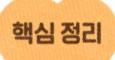 **핵심 정리**

1. 뇌의 발달 단계와 맞는 공부법이 좋은 공부법이다.

공부를 잘하려면 몇 시간을 앉아 있느냐보다 뇌가 어떻게 정보를 받아들이고 처리하는지를 아는 것이 중요하다. 많은 부모님들이 학원과 공부 시간에만 집중하는 경향이 있지만, 진짜 효율을 결정하는 건 뇌의 작동 방식이다.

2. 학습에는 S자 곡선이 있다.

학습에는 처음에는 잘 늘지 않다가 어느 순간 급격히 성장하는 'S라인'이 존재한다. 아이마다 이 도약 시점이 다르기 때문에 조급해하거나 성취 속도를 비교하는 건 오히려 역효과다.

3. 단순 반복보다 '의미 있는 연결'이 기억을 오래 남긴다.

그냥 외우는 방식은 작업 기억만 소모되고 장기 기억으로 가지 않는다. 아이 스스로 떠올리고, 연결하고, 적용해보는 방식이 가장 효율적이다.

4. 전두엽이 학습의 '총사령관'이라면 정서 뇌는 '스위치'다.

전두엽이 정보를 분석·판단·실행하고, 정서 뇌(변연계)가 이 기능을 켜거나 끈다. 그렇기에 아이의 안정적인 정서 상태가 학습 집중력과 성취에 직접적인 영향을 미친다. 아이가 불안하거나 긴장된 상태에선 아무리 공부 시간을 늘려도 효과가 떨어질 수 있다.

기억력은
공부의 기초 체력

다양한 경험의 저장 능력, 기억력

이전부터 공부 능력의 가장 중요한 척도 중 하나는 기억력이었다. 부모들은 "한번 보기만 하면 다 기억한다더라"며 기억력이 좋은 아이를 부러워하기도 하고, "나 어릴 적엔 잊어버리지 않겠다는 결심으로 영어 사전을 한 장씩 찢어가며 외웠다"는 무용담을 전설처럼 이야기하기도 한다.

과거에는 공부는 기억력 싸움이라고 생각했다. 한번 들으면 다 기억한다는 것이 공부 잘하는 아이들의 특징처럼 생각되었다. 그러나 최근 들어서 이러한 관점은 달라지고 있다. 과학 기술을 비롯한 인류 문명의 발달과 함께 인터넷의 발달이 가져온 변화다. 이제 좋은 책을 많이 본다거나 많은 것을 기억하는 것보다 필요한 정보를 그때그때 찾아서 문제 해결에 응용하는 것이 더 중요한 세상이 되었다. 특히 챗GPT와 같은 생성형 AI가 나타난 이후로는 비판적 사고와 적절한 질문을 하는 것이 더 중요해졌다. 미국 매사추세츠 공과대학(MIT)과 펜실베이니아 대학 연구진이 발표한 바에 따르면, ==AI를 사용하는 경우 창의성과 기억 유지력이 떨어지는 인지적 이탈(cognitive-off-loading)이 나타난다고 한다.== 이를 피하기 위해서도 비판적 사고와 답을 얻는 데 필요한 적절한 프롬프트, 즉 질문을 만드는 능력이 더욱 요구된다.

그러나 과거보다 암기가 덜 강조되다 보니 가뜩이나 외우는 것을 싫어하는 아이들(주의력이 부족한 아이들이라면 더욱)이 암기, 기억의 필요성 자체를 못 느끼거나 회피하는 성향도 강해졌다. 여기에 과거의 교육과 현재의 교육의 차이에서 오는 혼돈으로 부모들도 정확한 기준을 잡지 못하는 어정쩡한 상황이 자주 연출된다.

우선 부모들이 중심을 잡는 데 도움이 되도록 인간의 학습 능력에 대한 유명한 개념을 한 가지 소개하고자 한다. 다음의 그림은 교육학자 벤저민 블룸(Benjamin S. Bloom)의 인지 체계 분류로, 인간의 학습 능력을 피라미드식으로 구분한 것이다.

기억력은 피라미드에서 맨 아랫부분을 차지한다. 기억력 바

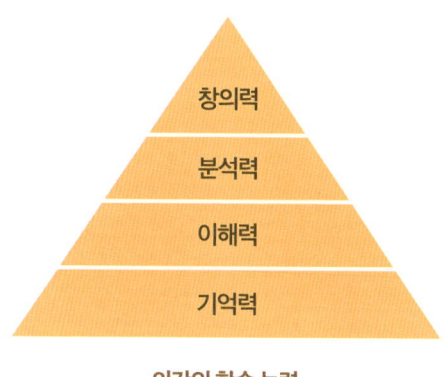

인간의 학습 능력

로 위가 이해하는 힘, 그 위가 평가·분석하는 힘, 그리고 맨 위가 창조하는 힘이다. 이는 기억력보다 이해력이, 이해력보다는 분석력이, 그보다는 창의력이 상위의 기능이라는 것을 말하고 있지만, 동시에 창의적이기 위해서는 분석적이어야 하고, 분석적이려면 이해력이 좋아야 하고, 이해력이 좋으려면 기억력이 좋아야 한다는 것을 보여주는 것이기도 하다. 기억력이 모든 것을 해결해주던 시대는 지나갔지만 기억력이 없으면 사상누각이라는 의미다.

그렇다면 대체 기억력을 어떻게 바라보는 것이 좋을까? 지나치지 않으면서도 모자라지 않게 기억력을 키울 수 있는 방법은 없을까?

기억이란 뇌에서 뇌신경의 신경 전달 경로가 강하게 형성되어 있는 상태를 말한다. 우리가 '남대문' 하면 떠오르는 여러 정보들은 남대문의 사진이나 남대문이라는 말, 또는 국보 1호라는 실마리에 따라 우리 뇌에 존재하던 신경회로들이 활성화되면서 떠오르는 것이다. 이 회로가 강하게 형성되어 있으면 빨리 기억이 나고, 다른 정보를 담당하는 신경회로와 연결이 잘 되어 있을수록 보다 많은 내용들이 연상되는 것이다. 기억력이 좋다는 것은 더 빨리 더 많은 정보들을 떠올릴 수 있도록 뇌가 활발해지는 상태를 말한다.

기억력을 결정하는 5가지 요인

기억력은 어느 한 가지가 좌우하는 것이 아니라 여러 요인이 복합적으로 작용하는데, 다음의 요인들에 따라 차이가 날 수 있다. 이러한 차이에 따라서 아이의 기억력의 특징을 이해한다면 쓸데없이 아이를 못살게 굴 필요가 없을 것이다.

첫째로 성별이다. 남성과 여성의 뇌는 여러 측면에서 차이를 보인다. 기억력의 경우 여성은 언어적 기억, 감정적 상황에 대한 기억(강아지의 죽음 등)이 뛰어난 반면, 남성은 공간 지각이나 수학적 기억에 더 뛰어난 경향을 보인다.

두 번째는 감정이다. 기억은 우리 뇌의 측두엽에서 주로 이루어진다. 측두엽의 깊숙한 곳에 편도체, 해마라고 불리는 신경

덩어리들이 자리 잡고 있다. 이들은 공포나 부정적 감정을 처리하는 것으로 알려져 있는데, 이 부분이 손상된 사람들은 기억이 오래 저장되지 못한다는 사실이 밝혀졌다. 감정을 담당하는 부분이 기억도 함께 담당한다는 점은 많은 의미를 내포한다.

기억에 있어서 중요한 특징은 감정에 따라 기억되는 정도가 다르다는 점이다. 즉, 강한 감정을 불러일으키는 사건일수록 기억에 오래도록 남는다. 유난히 생생하게 남아 있는 어릴 적 기억은 그 사건이 강한 감정과 연결되어 있을 가능성이 큰데, 그래서 이러한 어린 시절의 기억들이 정신분석학 분야에서 중요한 의미를 가진다. 이와 반대로 침체되거나 무기력·무관심·우울해지면 정서적 반응도 무뎌지고 기억력도 떨어진다.

<mark>세 번째 요인은 연령이다.</mark> 당연한 얘기겠지만 나이가 들면 기억력이 감퇴된다. 나이가 들수록 옛날 일보다 최근 일을 더 기억하지 못하고, 동시에 여러 일을 처리하는 능력도 떨어진다. 이는 뇌에 있는 시냅스의 반응 효율성이 떨어지기 때문으로 여겨지고 있다. 나이가 들면 뇌의 크기 자체가 줄어들며, 뇌에 아밀로이드 반점이라는 단백질 덩어리가 생기고 여기에 신경 섬유가 뒤엉키는 일이 발생한다. 반점은 기억력과 관련이 있는 대뇌피질에 퇴화된 조직이나 죽은 세포의 부산물이 축적되어 생기는 것이다. 이러한 변화는 이십 대부터 꾸준히 생기기 시작하는데, 정도에 따라서 가벼운 인지 기능 장애부터 치매까지 나타

나게 된다.

네 번째는 지능(IQ)이다. 지능에 따라 기억력에도 차이가 난다. 사실 지능을 측정하는 요소 중에 기억력이 포함되어 있으니 당연한 얘기일 수 있다. 하지만 수녀들의 일기를 분석한 한 연구에 따르면, 문법적으로 복잡한 문장을 구사한 수녀가 후에 기억력 장애나 치매가 덜 오는 것으로 보고된 바 있다. 또한 젊은 시절에 지능지수를 검사한 이후 오랜 기간 동안 검사자들을 계속적으로 추적 관찰한 연구에서, 지능지수가 낮았던 사람이 후에 알츠하이머 치매에 걸리는 확률이 높았다고 한다. 이는 지능이라는 뇌의 전반적인 기능에 의한 차이일 수도 있지만 지능이 낮은 사람이 상대적으로 교육을 덜 받고 직장이나 경제적 환경이 나쁘며, 식사나 음주, 운동 등 나쁜 생활 습관을 가진 데 따른 영향일 가능성도 있다.

그 밖의 요인으로 학력을 들 수 있다. 대학 졸업 여부와 뇌의 기억력이 관련이 있는 것으로 나타났는데, 교육이 왜 뇌 기능을 보호해주는지는 아직 밝혀지지 않았다. 애초에 뇌가 건강하고 우수한 사람이어서 교육을 많이 받은 것으로도 해석할 수 있다. 그러나 알츠하이머 치매의 관련 유전자로 밝혀진 APOE-4형의 영향력보다도 교육 수준이 통계적으로 효과가 더 컸다. 젊어서부터 치매를 걱정하며 치매를 예방하려고 뇌에 좋은 음식이나 영양제를 먹고, 비싼 뇌촬영을 통한 치매 검사를 열심히 받기보다 어려서부터 공부를 열심히 하여 고등 교육을 받는 편이 더 경제적이고 효과적인 방법이라는 말이다.

뇌는 다양한 형태로 기억을 저장한다

우리 뇌는 다양한 경험을 여러 가지 형태로 뇌에 저장하고 활용한다. 기억력은 관점에 따라 여러 가지로 나누어지는데, 기억에 걸리는 시간에 따라 단기 기억과 장기 기억으로 나누기도 하고 기억되는 내용에 따라 삽화 기억과 과정 기억으로 나누기도 한다. 기억의 과정을 이해하기 위해서 가장 간단한 방식으로 분류해보면 다음과 같다.

단기 기억

단기 기억(short-term memory)은 어떤 것을 보거나 들었을 때 몇 초에서 몇 분 이내로 지속되는 기억을 말한다. 이것은 기억이라기보다 반응에 가까운데, 무엇을 듣거나 볼 때 즉각적으로 생성되는 기억으로, 전화번호를 듣고 난 직후 머리에 떠오르는 숫자 같은 것이 단기 기억이다.

단기 기억은 우리가 기억하게 되는 것들의 기초 자료가 되지만 이것들이 그대로 기억으로 이어지지는 않는다. 단기 기억이 우리 머릿속에 저장되기 위해서는 등록(registration) 과정이 필요하다. 그렇기에 단기 기억을 얼마 있다가 다시 기억하려면 잘 기억이 나지 않는 경우가 꽤 있다. 처음 만난 사람의 이름을 들었을 때 무심히 지나치면 몇 분이 지난 후에는 이름이 기억나지 않는 것도 단기 기억이기 때문이다. 단기 기억을 머릿속에 등록하는 데에는 주의력과 더불어 기억하기 위한 전략도 많은 역할을 한다.

장기 기억

장기 기억(long-term memory)은 우리 머릿속에 오래 머무르는 기억을 말한다. 단기 기억들 중에서 등록 과정을 거쳐 우리 뇌에 저장되는 기억으로, 필요하면 이것들을 불러내어 쓸 수 있다. 대부분의 학습 과정에서 기억력이라고 하는 것은 바로 이 장기 기억 능력을 말한다. 사회 과목과 같은 소위 '암기 과목'에서 요구하는 능력이다. 우리는 한 번만 보고도 장기 기억으로 만드는 사람들을 보고 기억력이 좋다고 한다.

장기 기억 능력을 높이는 가장 효율적인 전략은 '망각' 기전을 이해하면 찾을 수 있다. 널리 알려진 독일의 심리학자 헤르만 에빙하우스(Hermann Ebbinghaus)의 망각 곡선을 살펴보

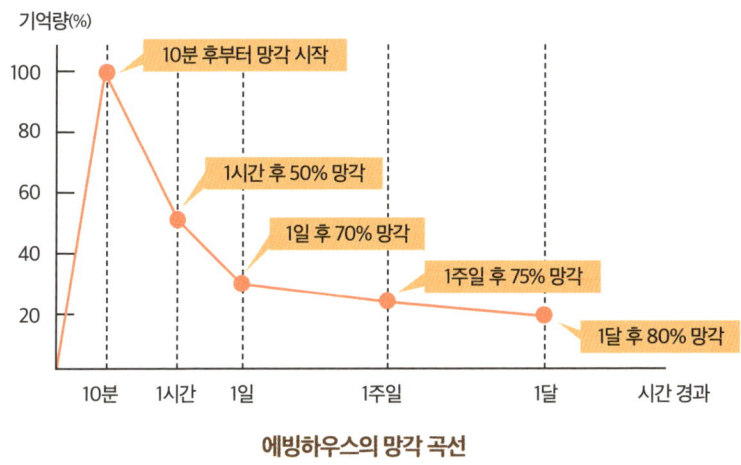

에빙하우스의 망각 곡선

면, 우리 뇌는 시간이 지나면서 자신이 기억했던 것의 대부분을 망각하고, 하루가 지나면 아주 작은 양의 정보밖에 남지 않는다. 그러나 자꾸 반복하다 보면 조금씩 망각의 곡선에서 벗어나게 된다. 이는 단기 기억이 장기 기억으로 전환되는 것이 그만큼 어렵다는 사실을 보여준다.

우리 뇌는 반복되는 정보에 대해서는 더 강한 신호를 더 빨리 전달하는 일종의 고속 통행로를 만들어둔다. 그래서 한번에 많은 정보를 빠르게 불러올 수 있도록 하는 것이다. 한번 이 통로가 만들어지면 잘 없어지지 않는데, 그래서 일단 머릿속에 들어온 옛 기억은 나이가 들어서도 사라지지 않는 것이다. 하지만 문제는 우리에게 반복할 시간이 적다는 점이다. 그래서 반복이 많이 필요한 것은 자꾸 반복하고, 일단 장기 기억 시스템에 들어온 것은 적게 반복하는 효율적인 반복 전략이 중요하다.

작업 기억

작업 기억(working memory)은 우리가 복잡한 문제를 해결할 때 핵심적인 역할을 하며 장기 기억이 어떻게 활용되는지 알 수 있게 해준다.

작업 기억은 찌개를 만들 때 재료나 요리 순서를 떠올리는 걸 생각하면 이해하기 쉽다. 이미 찌개를 만드는 법을 알고 있으면서(장기 기억) 실제 요리를 할 때에는 이 장기 기억을 불러내어 진행 과정에 따라 순서를 떠올린다. 어디까지 했는지 기억하고 어떤 재료를 준비하고 사용했는지 기억하면서 한 단계씩 진행해나간다. 이때 필요한 능력이 바로 작업 기억이다.

작업 기억이 뛰어난 사람은 여러 가지 기억들을 한번에 불러내어 동시에 여러 작업을 해내기도 하며, 순차적으로 해야 할 작업을 할 때 앞 단계의 공정을 정확하게 기억하고 있다가 그 결과를 활용한다. 작업 기억이 약한 사람은, 예를 들어 연산을 할 때 받아올림이나 받아내림이 잘 안 되는 경우가 많다. 초등학생들을 보면 받아올림 계산을 자꾸 빼먹는 경우가 있는데, 물론 주의가 산만해서 그럴 때도 있지만 약한 작업 기억이 원인일 때도 있다.

삽화 기억

삽화 기억(episodic memory)은 어떤 일이, 언제, 어디서, 누가, 어떻게 해서 일어났는지에 관한 기억이다. 주변에서 보면 '몇 월 며칠에 누가 어디서 무슨 일을 했는지' 등과 같은 사실을 유난히 잘 기억하는 사람이 있다. 크리스마스에 성당에서 기도를 드리던 모습이나, 졸업식장에서 학생 대표가 단상에 올라가 상을 받는 모습을 기억하는 것이 그런 예다.

삽화 기억이 뛰어난 사람에게는 기억할 내용과 삽화를 연결시켜주면 삽화가 실마리가 되어 기억을 하는 데에 도움을 줄 수 있다. 아이들이 이런 성향을 보이면 체험 학습이 유용한 학습 도구가 될 수 있다.

의미 기억

의미 기억(semantic memory)은 단어의 의미를 기억하는 것을 말한다. 통상 기억이라고 할 때 사람들이 가장 많이 떠올리는 개념이다. 사자성어나 '민주주의', '상대성 이론'과 같은 단어의 뜻을 기억하는 것을 의미 기억이라고 생각하면 이해가 빠를 것이다. 의미 기억을 높이기 위해서는 다양한 전략들을 사용하는 것이 도움이 된다. 어휘력이 풍부하다는 것은 일반적으로 이러한 의미 기억이 뛰어나다는 것을 뜻한다.

과정 기억

자전거나 스케이트를 타본 적이 있다면 과정 기억(procedural memory)이 무엇인지 금방 이해할 수 있다. 자전거를 타는 법은 말로는 충분하게 설명하기가 어렵다. 자전거에 올라타서 핸들을 똑바로 잡고 두 다리를 열심히 움직이는 게 방법이라고 할 수 있다. 조금 더 덧붙이면 고개는 들고 앞을 쳐다보라는 말 정도가 될 것이다. 하지만 자전거를 탈 때는 섬세한 균형 감각이 필요하며, 균형을 잃지 않도록 몸의 근육을 조절하는 기술이 있어야 한다. 스케이트를 타는 것도 마찬가지다. 하지만 이를 말로는 전부 설명하기 어렵다. 그야말로 몸이 기억하는 것이다.

과정 기억은 한참을 사용하지 않아도 필요해지면 금방 다시 불러낼 수 있다는 게 특징이다. 몇 년 동안 쉬었다가 자전거를 타더라도 이내 예전 실력이 나오는 것처럼 말이다. 이 개념은 학습에 필요한 인지 기능은 훈련을 하면 우리 몸에 기억되어 있다가 학습을 할 때 다시 발휘되는 현상을 설명해준다. 과정 기억을 활용해서 집중력 훈련, 기억력 훈련, 사고 조직화 훈련을 시행해볼 수 있다.

==학습 능력을 높이기 위해서는 주로 장기 기억과 삽화 기억을 강화해야 한다.== 이와 같은 기억력을 학습에서 어떻게 활용할 수 있을까?

기억력을 활용한 학습 전략

기억력을 활용한 학습 전략은 아이의 발달 수준에 따라 달라진다. 같은 내용을 가르치더라도 어떤 아이는 시각적 이미지를 중심으로 기억하고, 어떤 아이는 내용을 청각적, 언어적으로 요약하며 정리한다. 중요한 것은 아이의 인지적 성숙도와 인지 유형에 맞춘 방식으로 기억을 활성화해야 학습 효과가 극대화된다는 점이다.

예를 들어보자. 초등학교 1학년인 민우는 최근 '사계절'에 대해 배우고 있다. 각 계절의 날씨, 대표적인 활동, 그리고 옷차림을 외우는 것이 숙제다. 이 시기의 민우는 아직 추상적 개념보다는 구체적인 경험과 감각 자극에 더 잘 반응한다. 엄마는 민우와 함께 사계절 사진첩을 펼쳐 본다. 여름엔 바닷가에서 수영하던 민우의 모습, 겨울엔 눈사람을 만들며 웃던 장면이 아이의 기억을 자극한다.

이처럼 개인적인 경험과 연결된 정보는 삽화 기억으로서 오래 기억에 남는다. 이후 민우는 각 계절별로 대표적인 옷을 색칠하며 복습하고, 계절별 특징을 카드로 정리해 짝 맞추기 게임을 한다. 이와 같은 반복적인 활동은 과정 기억의 도움을 받아 자연스럽게 머릿속에 각인될 수 있다. 민우는 아직 스스로 학습 전략을 세울 수 있는 단계가 아니기 때문에, 엄마는 '사진 보기 → 이야기 나누기 → 색칠하기 → 정리하기 게임'이라는 구조화된 흐름을 설계해줄 필요가 있다. 이처럼 민우의 학습은 시각적 자극, 정서적 공감, 반복적 활동을 중심으로 기억을 강화해나간다.

반면, 중학생 수아는 '산업혁명'을 주제로 한 역사 단원을 공부하고 있다. 이제 수아는 단순히 정보를 외우는 것을 넘어, 그 의미와 맥락을 파악할 수 있는 전략적 사고 능력을 갖추었다. 수아는 "산업혁명은 왜 영국에서 시작되었을까?"라는 질문을 스스로 던지고, 노동자의 삶과 도시의 모습 등을 상상하며 장면을 구성한다. 굴뚝에서 연기가 피어오르고, 기계 앞에서 일하는 사람들을 떠올리는 식이다.

이처럼 상상력과 이야기 구조를 이용한 학습은 삽화 기억을 강화하는 데 매우 효과적이다. 이후 수아는 핵심 개념을 정리한 플래시카드를 만들고, 친구와 퀴즈를 주고받으며 반복 학습을 한다. 이는 인지 유형에 따라 한쪽만 선택할 수도 있다. 더불어 산업혁명의 원인과 결과를 정리하고 비교하면서 발표 수업을 준비하는 과정에서는 작업 기억이 활발히 장기 기억으로 전환된다. 수아는 공부 순서를 스스로 정하고, 기억해야 할 내용들을 연결하며 체계적으로 정리한다. '요약 → 정리 → 테스트 → 발표'로 이어지는 학습의 흐름은, 이제 수아가 자신의 인지 능력을 학습 전략으로 전환할 수 있음을 보여준다.

이처럼 기억력은 단기 기억, 작업 기억, 장기 기억이라는 구조 속에서 서로 유기적으로 작용하며 학습을 뒷받침한다. 그리고 그 기억이 머릿속에 뿌리를 내리느냐 마느냐는, 아이가 어느 수준의 사고 능력을 갖고 있는지, 그리고 어떤 방식으로 정보를 경험하고 조직화하는지에 따라 결정된다. 따라서 학습자는 물론, 부모도 '어떤 내용'뿐 아니라 '어떤 방식'으로 학습할지를 함께 고민해야 한다. 기억의 유형에 맞는 전략은 아이의 뇌에 맞는 길을 만들어주고, 이는 결국 학습 효율성과 자기주도성으로 이어진다.

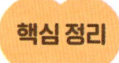 **핵심 정리**

1. **기억력은 여전히 학습 능력의 기초다.**

    과거처럼 '암기가 곧 공부'는 아니지만, 이해하고, 분석하고, 창조하기 위해서는 기억력이 토대가 되어야 한다. 기억력이 약하면 이해력·분석력·창조력이 튼튼하게 성장하지 못하고, 전체 학습 능력이 저하된다.

2. **AI 시대 학습의 핵심은 비판적 질문과 필요한 정보의 적절한 저장이다.**

    인터넷과 생성형 AI의 발달로 즉시 검색하고 정보를 활용하는 것이 가능해졌고, 그만큼 비판적 사고와 '질문 만들기'의 중요성이 커졌다. 무비판적인 AI 사용은 인지적 이탈을 부를 수 있어 핵심 개념을 잘 이해하고 질문하는 힘이 필요하다.

3. **기억은 강화된 신경 경로이며, 많이 연결될수록 더 빨리, 더 풍부하게 떠오른다.**

    실마리 하나로 이미지와 개념, 관련 정보가 연쇄적으로 활성화되는 상태를 일컬어 '기억력이 좋다'고 말한다. 신경회로가 굵을수록 정보의 인출 속도와 연상 폭이 커진다.

4. **기억력을 가르는 5가지 요인**

    - **성별:** 여성은 언어·감정 기억, 남성은 공간·수학적 기억에 강한 경향이 있다.

- **감정:** 강한 감정을 동반한 사건일수록 더 오래 선명하게 남는다. 우울·무기력은 기억력을 저하시킨다.
- **연령:** 나이가 들수록 최근 일을 잘 기억하지 못하고 멀티태스킹 능력이 저하된다.
- **지능:** 지능이 높을수록 복잡한 기억 구조를 다루는 능력도 높다.
- **학력:** 통계적으로 고등 교육을 받은 사람일수록 인지적 예비력을 높여 치매 등 기억력 퇴화에도 완충 작용을 한다고 밝혀졌다.

5. 장기 기억으로 넘기려면 '망각 곡선'을 거스르는 반복 설계가 필요하다.

뇌는 반복적으로 주입되는 정보에 '고속 통행로'를 만든다. 한번 만들어진 길은 잘 지워지지 않는다. 한정적인 시간 내 중요한 정보는 '많이 잊히는 것은 자주, 이미 고정된 것은 적게' 반복하는 것이 효율적인 기억 전략이다.

주의력이 부족한 아이의
뇌는 졸고 있다

상담하러 오는 학부모들이 자주 하는 말이 있다.

"우리 아이는 산만한 듯하다가도, 자기가 좋아하는 책을 볼 때에는 한 시간도 넘게 꼼짝 안 하고 보거든요. 그런 거 보면 주의력은 괜찮은 것 같은데요."

이런 부모님들은 아이의 주의력 중에서도 '집중력(ability to focus)'에만 주목하고 있는 것이다.

집중력이 좋지만 산만한 아이들은 자신이 좋아하는 일에는 집중하지만 별로 관심이 없는 일, 예를 들어 알림장 쓰기 같은 일에는 집중을 잘 못 한다. 끝까지 집중하는 힘이 부족해서 중간에 빠뜨리거나 수업 시간에 선생님이 책을 집어넣고 스케치북을 꺼내라고 해도 듣지 못하고 읽던 책을 계속 읽는 일도 생긴다. 또한 한 가지 일에 몰두하면 다른 것은 전혀 의식하지 못해 위험한 상황에 처하기도 한다. 이 경우 모두 의학적으로 주의력에 문제가 있다고 할 수 있다.

뇌 활동의 전력 스위치, 주의력

지금까지 주의력이란 말은 집중력이라는 말과 같이 쓰여왔다. 하지만 집중력이란 한 가지에 힘을 모으는 능력을 의미하는 반면, 주의력(attention)은 자신의 뜻 혹은 마음을 쏟는 능력을 뜻한다. '마음을 쏟는 힘'이라는 것은 자신의 마음을 뜻대로 한 곳에 머무르게 할 수도 있고(focusing), 원하는 만큼 오랫동안 유지할 수 있으며(sustain), 한 곳에서 다른 곳으로 옮겨가게 할 수도 있고(set shifting), 동시에 여러 군데에 적절히 배분할 수도 있는(arrange) 능력을 말한다.

주의력에 대해서 이야기할 때에 종종 마주치는 불신의 벽들이 있다. "주의력 결핍은 없는 현상인데 괜히 지어낸 것이다", "마음만 먹으면 충분히 할 수 있는데 괜히 하는 말이다"라는 식의 이야기들이다. 우리 클리닉에 찾아오는 주의력 결핍 과잉행동증후군(ADHD) 아동의 어머니들도 아이 할머니와 할아버지, 심지어 아버지도 이렇게 이야기한다며 한숨짓는 모습을 자주 본다. 사실 이러한 논란은 이미 20년 전도 훨씬 전에 결론이 난 이야기다. 1990년 미국 국립 정신건강연구소의 앨런 자멧킨(Alan J. Zametkin) 박사는 주의력의 정도에 따라 뇌의 활동도가 다르다는 것을 뇌 영상술을 이용해 보여주었다. 주의력이 부족한 아이들은 정상 아이들보다 뇌의 활동도, 특히 전두엽의 활동도가 떨어져 있었다. 산만한 아이는 뇌가 활발히 움직이지 않고 오히려 덜 움직인다는 사실은 뇌가 전체적으로 각성되어 있지 못하다는 뜻이다. 마치 잠투정하는 아이의 뇌와 비슷한 상태인 것이다.

이후 후속 연구들이 많이 진행되었는데 아직 완전히 밝혀진 것은 아니지만, 시상에서 대상회 부위를 거쳐 전전두엽으로 이어지는 회로가 주의력 결핍과 관련이 있을 것이라고 보고 있다.

이 회로는 주의력뿐만 아니라 다른 기능에도 영향을 미치며, 뇌가 조직적이고 체계적으로 활동하도록 하는 기능을 담당하고 있다. 또한 충동을 억제하는 기능도 한다. 따라서 이 회로의 기능이 약한 사람들은 조직적으로 사고하기 어려워하는 성향을 가지며 충동을 억제하는 능력도 떨어지는 모습을 보인다. 실제 임상에서도 ADHD 아동들이 충동 조절 능력이 약하고 조직적인 사고 능력이 떨어지는 경향이 있다. 또한 이 부위의 결함으로 강박 장애가 발생하는 경우도 종종 볼 수가 있다.

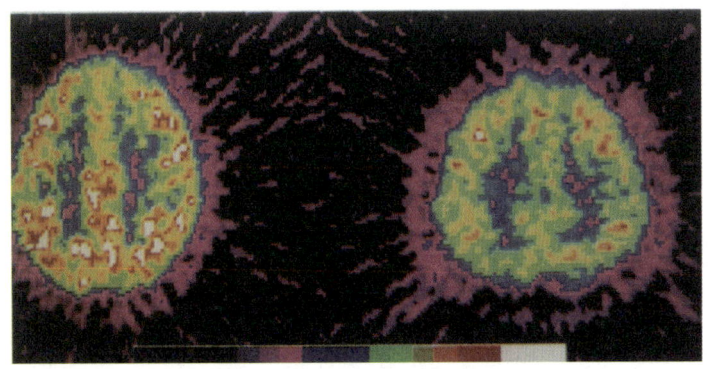

주의력 결핍 아동과 정상 아동의 뇌 활동도를 비교 촬영한 결과
왼쪽이 정상 아동이고 오른쪽이 ADHD를 겪는 아동의 뇌다. 밝은색 부위가 많을수록 뇌가 활발히 활동하는 것을 의미한다. 오른쪽의 ADHD를 겪는 아동의 뇌는 활동을 잘 하고 있지 못하다.

버퍼링에 걸린 뇌

주변에서 보면 산만한 아이들이 잠시도 가만히 있지 않고 계속 움직이는 것을 자주 목격하는데, 이는 에너지 조절이 잘 되지 않아서 차분히 있어야 할 곳과 신나게 뛰어 놀아야 할 곳을 구분하지 못하기 때문이다.

주의력은 사람의 장소, 시간, 사람에 대한 인식 능력과 더불어 뇌의 지적 능력에서 가장 기본이 되는 능력이다. 인간 뇌 활동의 전력 공급원이라고 이해하면 될 것이다. 우리가 어떠한 문제에 주의를 기울인다는 것은 그 일에 뇌 활동 에너지를 사용한다는 뜻이며, 다른 문제로 주의를 옮긴다는 것은 에너지의 방향을 전환한다는 말과 같다.

주의력이 부족한 아이들은 청각적 정보 탈락 현상이 심하다. 뇌 활동 에너지의 방향 전환이 원활하지 않기 때문이다. 이런 아이들은 수업을 듣다가도 순식간에 다른 생각에 빠진다. 옆에서 조금만 시선을 끄는 것이 생기면 거기에 빠져드는 것이다. 똑같은 설명을 들어도 내용을 잘 모르는 일이 그래서 생긴다.

"엄마, 다음 주 화요일에 현장학습 간대요."

"어디로?"

"어…… 무슨 궁이라고 했는데, 잘 모르겠어요."

"몇 시에 끝나니?"

"음…… 잘 모르겠는데요?"

"준비물은 없니?"

"도시락하고요, 과자, 음료수…… 또 뭐가 있더라?"

대개 이런 식이다.

청각 정보뿐 아니라 시각적 정보에서도 마찬가지 현상이 발생하는데, 가장 대표적인 경우가 시험을 볼 때다. 산만한 아이들은 "다음 설명 중 옳지 않은 문장을 고르세요"와 같은 문제를 풀 때 유난히 '옳지 않은'이란 문구를 잘 놓친다. 또한 영상을 시청할 때도 순간적으로 내용을 놓쳐서 중요한 부분을 못 보고 지나가는 경우도 부지기수다.

이처럼 ==주의력이 부족하면 세부 사항을 놓치기 쉽고, 중요한 부분이 입력이 안 되어 전체에서 중요한 핵심을 찾는 데 어려움을 겪는다.== 실제로 이런 아동은 학년이 올라가도 핵심을 잘 찾지 못하는 경우가 흔하다. 이런 일은 어려서부터 정보 전체가 입력되지 않고 부분 부분만 입력되어 무엇이 중요한지 찾아내기 어렵기 때문에 일어나는 측면이 많다.

또한 주의력이 부족한 아이들은 결과물이 일정하지 않다. 뇌 활동 에너지의 공급이 일정하지 않기 때문이다. 이런 아이들은 시험 점수가 들쭉날쭉한 정도가 심하다. 받아쓰기 시험에서도 시험 전날 옆에서 엄마가 지도해주어도 한두 개 맞는가 하면, 어떤 날은 미리 연습하지 않고도 백 점을 받아 오기도 한다. 부모로서는 어느 것이 아이의 진짜 모습인지 혼란스러워지는 것이다. 정신 에너지의 배터리가 충분히 공급되지 못하면 오래 사용할 수가 없다. 그래서 주의력이 떨어지면 공부를 길게 하지 못하고 싫증도 잘 내게 된다.

주의력이 떨어지는 아이는 실행력이 느리다. 뇌 활동 에너지의 공급이 느리기 때문이다. 마치 스타트 버튼을 눌러도 부팅이 늦게 되는 컴퓨터처럼 공부나 숙제를 하겠다고 말한 아이가 책상 앞에 앉는 데까지 30분, 앉아서 책 펴는 데까지 15분, 책을 실제로 주의 깊게 보는 데까지 10분, 그래서 숙제를 시작하는 데에만 1시간이 걸린다.

또 계획을 세워 공부를 하거나 일상생활을 하는 데 있어서도 효과적으로 하지 못한다. 이 역시 주의력의 영향이다. 물론 아이의 학습 동기도 큰 영향을 끼치는 요인이지만 주의력이 약한 아이들은 기본적으로 시작하는 데에 시간이 오래 걸리고 의외로 행동이 느리다. 특히 뇌 활동을 수반하는 활동이 느리다는 것을 알아두어야 한다. 그런데 부모가 잘 모르고 공부하기 싫어서 그런다고 아이를 비난하거나 실망감을 표시한다면 아이들은 큰 좌절감을 느끼게 된다. 그리고 자신이 정말 공부를 싫어한다고 생각하게 된다. 무엇보다도 피해야 할 일이다.

주의력이 부족한 아이는 '미리 보기'를 하지 않는다

주의력 부족은 출력 단계에도 상당한 지장을 초래한다. 주의력이 부족한 아이들은 아주 엉뚱한 답을 불쑥 내놓는 경우가 많다. 이것은 아이들이 자신이 떠올린 답을 검토해보지도 않고 말을 해버리기 때문이다. 우리는 문서를 출력할 때 대체로 미리 보기 기능을 활용해서 한번 검토를 하고 출력을 한다. 이러한 과정을 거치지 않고 출력을 하면 뒤늦게 오류를 발견하기 쉽다. 주의력이 부족한 아이들은 이처럼 미리 보기를 하지 않고 떠오르는 대로 답을 해버리기 때문에 잘못된 답을 내놓는 것이다.

이러한 현상은 단지 학습에만 국한되는 게 아니다. 일상생활에서도 주의력이 부족한 아이는 화가 나거나 기분이 나쁘면 말로 차근히 해결하는 것이 아니라 행동이 먼저 나오는 일이 많다. 그래서 단체 활동에서 문제를 일으키는 경우도 종종 생긴다. 그런데 이렇게 급한 아이가 어떤 때에는 또 아주 느긋하다. 제일 문제가 자주 불거지는 때는 아침에 등교하기 전이다. 무엇이 그렇게 여유로운지 한없이 뭉기적거린다. 행동으로 옮겨지는 에너지가 너무 급격하게 증가해도 문제지만, 이처럼 에너지가 너무 적게 조절되어도 행동이 지나치게 느긋하고 느려지는 문제가 발생하는 것이다.

미리 보기를 하지 못하면 겪게 되는 문제가 또 있다. 바로 계획을 세우기 어렵다는 것이다. 앞으로의 결과나 자신이 하려는 행동이 어떠한 결과를 가져올지 알기 어렵기 때문에 적절한 계획을 잘 세우지 못한다. 그러다 보니 공부에 대한 전략 같은 것은 자연히 부족하기 십상이다. 또한 실수에서 배워서 다음에는 같은 실수를 반복하지 않는 것도 미리 보기가 되어야 가능한데, 미리 보기가 잘 안 되면 같은 실수를 자꾸 반복하게 된다. 이것을 두고 부모님이 다그치고 야단을 쳐도 아이의 기만 죽을 뿐, 행동은 달라지지 않는 경우가 많다.

주의력이 부족하면 학습에서도 문제이지만 사회생활에서도

다른 사람의 감정이나 반응으로부터 무언가를 배우기 어렵기 때문에 사회성 발달이 저해되기도 한다.

> **더 읽을거리**
>
> ## 주의력 검사란?
>
> 우리 클리닉에 종종 전화를 해서 집중력, 주의력 검사에 대해 문의하시는 부모님들이 많다. "우리 아이는 다른 것은 문제가 없으니 주의력만 검사해보고 싶다"는 것이 대부분의 부모님들이 하는 말이다. 대개 이런 말을 하는 부모님들은 이미 인터넷에 있는 주의력 검사를 해보셨거나 최근 일부 학교에서 실시되고 있는 주의력 결핍 과잉행동증후군 선별 검사를 해본 분들이다. 그런 다음 더 정확한 검사를 원해서 연락을 한 것이다.
>
> 하지만 한 가지 기억해야 할 것이 있다. 주의력 결핍은 검사를 통해서 확인되는 것이 아니라는 사실이다. 주의력은 아이의 여러 일상생활 영역에서의 행동을 근거로 판단하는 것이고, 검사는 이를 객관적으로 뒷받침할 뿐이다. 그러므로 어느 한 가지 검사만으로 주의력 결핍 여부를 판단하는 것은 옳지 않다. 그래서 대한소아청소년정신의학회에서도 종합적인 검사를 통해 주의력 결핍 과잉행동증후군을 진단하도록 권고하고 있다.
>
> 현재 시행되고 있는 주의력 검사 중에서는 시각적 주의력을 검사하는 CPT (Continous Performance Test)와 시각적, 청각적 주의력을 모두 검사하는 ATA 검사 정도가 널리 사용되고 있다. 두 검사 모두 원리는 거의 같으며 검사의 민감도, 수행의 난이도에서 다소 차이가 있어 전문가에 따라 각자 판단하여 선택한다.
>
> 이에 더하여 자기 보고식 검사도 수행하고 면담을 통한 행동 정보를 종합하여 아동의 주의력을 판단하게 된다. 또한 종합적인 신경 인지 기능 검사를 통해서 아이에게 필요한 학습 솔루션을 제공할 수 있다.

이렇게 주의력은 인간이 하는 모든 지적 활동에 에너지를 공급하는 역할을 하며, 이러한 역할이 적절히 이루어지지 않을 경우에는 그 사람이 가지고 있는 지적 능력이 아무리 뛰어나더라도 제대로 발휘할 수 없게 된다.

주의력의 3요소와 잘못된 이해

주의력은 크게 세 가지 요소로 나누어 볼 수 있다. 첫째는 한 가지에 집중할 수 있는 힘이다. 우리가 흔히 말하는 집중력은 이것에 가장 가까운 개념이다. 둘째는 충동을 조절할 수 있는 힘이다. 성급하게 결정하지 않고 침착하게 심사숙고하려면 충동을 조절할 수 있어야 한다. 셋째가 인내력이다. 사람의 뇌는 자극이 일정 시간 지속되면 그에 대한 관심이 적어지고 새로 발생하는 자극에 주의를 기울이게 된다. 하지만 인내력은 이런 자연스러운 성향에 대항하여 자신이 원하는 곳에 원하는 시간 동안 주의를 지속시키는 힘을 말한다.

주의력은 우리의 뇌가 활동하는 데 기본적인 역할을 한다. 그러나 주의력이 적절히 갖추어지지 않으면 뇌가 아무리 우수한 자질을 갖고 있다 하더라도 제대로 작동하지 못한다. 주의력은 뇌의 가운데 깊은 부분에 있는 정서 뇌, 그중에서도 시상

(thalamus) 부위가 깊이 관계하고 있다. 시상 부위와 전대상회 영역, 이와 연결된 전두엽 일부분까지가 주의력을 관리하는 영역이다. 흔히 이야기하는 ADHD 아이들에서 이 부위의 뇌 기능에 미세한 이상이 발견됐다는 보고가 많이 나와 있다.

그런데 예전에 비해 부모들 사이에 주의력이나 집중력에 대한 관심이 많이 높아진 편이지만 그에 관한 이해는 여전히 부족한 면이 많다. 특히 정보의 양은 엄청나게 늘었으나 그 맥락을 잘못 짚고 있는 경우가 점점 많아지고 있다.

주의력에 대한 잘못된 이해 가운데 대표적인 것이 바로 '제로섬(zero-sum)'으로 보는 시각이다. 쉽게 말해 집중력을 '정상(높음)' 아니면 'ADHD'라고 이분법적으로 생각하는 것이다. 아이의 주의력에 관해 상담을 다 마친 뒤에도 "그러니까 결국 우리 아이가 ADHD란 말씀인가요? 아니란 말씀인가요?" 하고 묻는 부모가 참 많다. 그러나 **주의력은 정도의 차이가 있을 뿐이지 정상과 비정상으로 선을 그을 수는 없다. 주의력이 조금 부족한 아이도 적절한 훈련을 통해 좋아질 수 있기 때문이다.**

두 번째 잘못된 이해는 주의력이 부족하여 산만한 것을, 아이의 능력이 부족하다고 여기는 경향이다. 에디슨과 아인슈타인도 어렸을 때는 주의력이 부족했다고 알려져 있다. 인류에 위대한 영향을 미친 대과학자와 발명가도 주의력 결핍이 있었다는 뜻이다. 결국 이들은 자신의 그런 특성을 잘 다룰 수 있는 방법을 터득했던 셈이다.

마지막으로 주의력의 부족 또는 향상을 병원이나 치료센터에만 의지하고 다 맡겨버리는 것 또한 잘못이다. 물론 아이가 학교에서 수업을 따라가기 어려울 정도로 산만하거나 다른 아이들의 수업에 방해가 될 만큼 부산하다면, 그리고 그 시점이 학기 초반이나 한가운데라면 가장 효과가 빠른 약물 치료가 우선되어야 할 것이다. 하지만 그런 정도가 아니라면 일단 아이 주변의 생활 환경과 습관부터 정비해줄 필요가 있다.

생활 환경이나 습관 한두 가지만 바꿔도 주의력이 높아지고 학습 효율이 올라간다. 아이한테는 공부하라고 해놓고 부모는 거실에서 TV를 본다거나, 아이가 공부할 때 옆에서 계속 부산스럽게 움직인다거나 하는 행동들은 가족이 바꾸어야 할 대표적인 생활 습관이다. 간혹 아이 옆에서 공부를 봐준다고 하면서 계속 왔다 갔다 하거나 다른 일을 하는 부모가 있는데, 산만한 아이에게 이런 행동을 보이는 것은 별로 도움이 되지 않는다. 부모가 차분한 모습을 보여주는 것만으로도 아이는 좋은 영향을 받는다.

부모 입장에서도 차분히 앉아 있는 것이 생각보다 쉽지 않음을 깨달아야 아이를 이해하는 마음 또한 커지는 법이다. 이는 굉장히 중요한 부분인데, 부모가 아이의 산만함에 대해 부정적으로 비난하는 행동은 반드시 피해야 하기 때문이다.

아이의 자존감이 낮아지는 것은 주의력이 부족한 것보다 훨씬 더 심각하고 바로잡기 어려운 상처를 남길 수 있다. '정신일도 하사불성(精神一到 何事不成)'을 외치며 집중력은 마음의 문제라고 아이를 다그치는 것은 문제를 악화시키기만 할 뿐이다.

주의력 결핍, 약물의 도움을 받아야 할까?

1. 학습과 관련된 약물 중 가장 대표적인 것이 '공부 잘하는 약으로 잘못(?) 알려진 ADHD 치료제이다. 이 약물은 주의력 결핍으로 인해 집중을 못하고 충동적이며 사회적 관계에서 충돌을 일으키는 아이들을 치료하기 위한 약이다. 그런데 간혹 ADHD가 없는데도 이 약을 먹는 경우가 있다. 그러나 이는 결코 바람직한 일이 아니다.

2. 소아의 약물 치료는 대개 우울증과 불안증을 치료하기 위해서 시행된다. 우울과 불안은 아동의 학교생활과 학업에 모두 큰 영향을 줄 수 있기 때문에 반드시 치료를 해야 한다. 약물 치료만이 유일한 대안은 아니지만 필요하다면 피해서는 안 된다.

3. 우리나라 사람들은 약물 치료를 꺼리는 경향이 있다. 하지만 현재 시판되고 있는 약은 모두 우리나라 식약청의 엄격한 관리를 통과한 약들이기 때문에 약을 먹는다고 심각한 후유증이나 부작용을 일으키지는 않는다. 그러므로 필요한 경우에는 약물 치료를 하는 것이 가장 좋은 방법이다. 약물 치료를 피하기 위해 다른 치료법을 택했다가 결국 다시 약물 치료로 돌아가는 일도 매우 흔하기 때문이다.

4. 치료약은 시냅스에서 분비되는 신경전달물질들의 분비와 재흡수에 관여하는 것이 대부분으로, 뇌에 호르몬이나 새로운 물질을 주입하는 것이 아니라 원래 가지고 있던 균형을 다시 맞춰주는 작용을 할 뿐이다. 따라서 약물로 사람의 마음을 조종하는 것도 결코 아니다. 약물의 종류에 따라서는 일시적으로 부작용이 있을 수 있는데, 이러한 경우는 의사에게 내용을 잘 설명하면 약물의 감량이나 변경 등과 같은 적절한 조치를 받을 수 있다.

5. 약물 치료를 시작하고서도 약 복용을 아이에게 숨기는 경우가 종종 있다. 하지만 그것은 아이에게 약을 먹는 것이 매우 부끄럽거나 은밀한 일이라는 인상을 주어서 좋지 않다. 아이의 지적 수준에 맞게 왜 약을 먹는지 잘 설명해주는 것이 좋다.

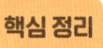 **핵심 정리**

1. 주의력은 집중력과 다르다. 주의력은 '뇌의 전력 스위치' 역할을 한다.

집중력은 한 대상에 몰입하는 능력이고, 주의력은 집중 유지·전환·배분까지 포함한 더 넓은 개념이다. 좋아하는 과제에는 몰입하지만 싫은 과제에서는 무너진다면 주의력의 문제일 가능성이 크다. 주의력이 떨어지면 학습 전반의 에너지 공급이 원활히 이뤄지지 않는다.

2. 산만한 아이의 뇌는 전두엽 활동이 낮은 상태일 수 있다.

뇌 영상 연구에서 주의력 부족 아동은 전두엽 활성도가 낮게 나타난다. 이는 충동 조절력과 조직적 사고 능력 저하로 이어진다. ADHD 아동에게서 이 회로의 이상이 자주 보고된다.

3. 주의력이 부족하면 정보 입력 단계에서 내용을 놓친다.

주의력이 부족한 아이는 청각·시각 정보가 부분적으로만 들어와 준비물, 시험 문항의 핵심 등을 자주 놓친다. 또한 중요한 정보를 건너뛰는 일이 반복되면 전체 맥락 파악 능력도 떨어진다. 결과적으로 수업 이해도와 과제 수행력이 떨어지게 된다.

4. 주의력 진단은 단일 검사가 아니라 종합적 평가로 이뤄진다.

주의력 부족은 수치보다 상황·맥락에 따라 달라질 수 있으므로 CPT나 ADS 같은 검사만으로 확정할 수 없다. 정확한 진단을 위해서는 관찰, 면담, 환경 평가가 함께 필요하며, 전문가 진단 시에도 다양한 정보가 종합되어야 정확도가 높아진다.

5. 주의력은 집중·충동 조절·인내의 세 가지 요소로 구성된다.

한 곳에 주의를 모으는 집중력, 즉각 반응을 억제하는 충동 조절력, 지루함을 견디는 인내력이 균형을 이룬다. 이 과정에는 시상—전대상회—전두엽이 관여하는데, ADHD 아동은 이 영역의 기능이 떨어지는 경우가 많다.

6. 주의력은 환경 설계로 충분히 개선할 수 있다.

주의력이 부족한 것을 '정상 아니면 ADHD'처럼 이분법으로 단정 짓는 것은 위험하다. 정도의 차이가 있을 뿐이다. 주의력은 생활 습관을 개선하고 환경을 정비하는 것만으로도 충분히 좋아질 수 있다. 특히 TV, 스마트폰 등 방해 자극을 줄이고 부모가 좋은 모델이 되어주는 것이 큰 도움이 된다.

언어 능력과 사고력의 연결고리

학습의 기초를 결정하는 언어 능력

우리는 늘 언어 속에 살고 있다. 가족과 대화를 하고 학교와 직장에서 발표를 하고 회의를 한다. 친구나 연인과 깊은 마음을 나누고, 글을 읽고 쓰기도 한다. 사람의 뇌는 다른 동물들에 비해 사고 능력이 대단히 발달했는데, 만약 인간에게 언어가 없었다면 고도의 지적 능력을 가지는 것이 불가능했을 것이다. 하지만 말을 하고 언어를 사용하는 과정은 복잡하며 이를 이해하는 것은 생각보다 쉽지 않다.

말의 제일 작은 단위는 음소다. 그 음소들이 모여서 단어가 된다. 단어 중에는 '사람', '기차', '달리다'와 같이 뜻을 갖는 단어가 있고, '~의', '~가'처럼 조사나, '그래서', '하지만'과 같은 접속사도 있다. 문장을 이루기 위해서는 이러한 단어들이 적절한 순서로 배열되어야 한다.

단어들이 모여 문장이 되고, 이 문장들이 모여서 이야기가 된다. 그리고 이 모든 것에 앞서 어떤 말을 할지 생각하는 초인지적 기능이 있다. 우리는 이 과정 전체를 능숙하고 자유롭게 잘 해내는 사람을 가리켜 '달변가' 혹은 말을 잘하는 사람이라고 한다. 이러한 말(speech)은 개인에 따라 차이는 있지만 사람이 태어나 자동적으로 갖게 되는 능력이다.

하지만 말을 문자로 표현하는 것은 전혀 다른 이야기다. '포도'라는 말을 글자로 표현하기 위해서 우리는 우선 소리를 정확하게 구분해서 들을 수 있어야 한다. 'ㅍ'인지 'ㅎ'인지, 'ㅗ'인지 'ㅓ'인지 구분할 수 있어야 자신이 알고 있는 철자로 표현할 수 있다. 읽기 장애, 즉 난독증이라고 판정받는 사람들 중 상당수가 이러한 음소를 구분해서 듣는 것을 잘 하지 못한다.

또한 'ㅍ', 'ㅗ', 'ㄷ'과 같은 기호들을 알고 있어야 한다. 그리고 나서 그 기호들이 각각 어떤 소리가 나는지 짝을 지을 수 있어야 한다. 그래야 낯선 글자를 보아도 읽어낼 수 있다. 짝을 짓고 나면 소리가 나는 규칙을 이해해야 한다. 다른 말로 하면 파닉스(phonics)라고 할 수 있다. 규칙을 이해해야 낯선 단어나 때로는 의미 없는 단어도 읽어낼 수 있는 것이다. 이것이 가장 기본적인 과정이다. 그런데 이것을 이해하지 못하면 우리는 사물이나 개념과 단어를 연결 짓는 것에 많은 어려움을 겪게 된다. 이 과정에는 여러 뇌 기능이 동원되지만 상징 기호, 즉 철자를 이해하고 기억하는 오직 인간에게만 존재하는 과정을 반드시 거쳐야 한다.

언어 발달은 학습 전반에서 중요하다

인간에게 언어적 능력이 생긴 것은 지금으로부터 약 150만 년 전이라고 추정한다. 이때부터 사람의 능력은 비약적으로 발전하게 되었다. 언어는 정보를 전달하기도 하지만 저장하는 데에도 사용된다.

학습은 대부분 언어적 과정을 반드시 거쳐야 이루어진다. 숫자를 다루는 수학조차도 그렇다. 수 개념은 언어적 산물이라 하기 어렵지만 수를 세고 더하고 곱하고 빼고 나누는 과정에는 언어적인 과정이 포함된다. 그래서 아이가 학년이 올라갈수록 문제를 읽고 뜻을 파악하는 언어 자체의 능력이 더 중요해진다.

구체적으로 언어적 능력이라고 하면 읽기, 듣기, 이해하기, 말하기를 들 수 있다. 따라서 언어적 능력에 결함이 있으면 처음에는 읽기, 말하기, 쓰기와 같은 국어 영역에서의 학습 부진이 먼저 나타나지만 점차적으로 수학이나 과학 등 고등사고를 요하는 다른 과목에서의 학습 부진으로 이어지게 된다.

언어 능력은 학습에도 중요하지만 사회성에도 결정적인 영향을 미친다. 다른 사람의 말을 이해하고 그 속에 담긴 의도를 파악하는 능력, 자신의 의사를 적절하게 잘 표현하는 능력은 사회성을 발휘하는 데 결정적인 요소다. 아스퍼거 장애(Asperger's disorder)와 같이 사회성 결핍이 주된 병리 현상인 경우를 보면 아이가 언어적 발달이 부진한 경우가 대부분이다.

이러한 문제 없이 단지 읽기 능력만 떨어지는 경우는 난독증(dyslexia)이라고 한다. 한때 난독증이 유행처럼 부모님들의 관심의 대상이 된 적이 있는데, 글을 읽지 못하는 모든 경우를 난독증으로 보는 것은 위험한 일이다. 뇌의 다른 부분에서의 이상은 없는지 주의 깊게 살펴 원인을 파악해야 한다.

듣기를 제대로 해야 의사소통이 된다

말을 하고 듣는 것은 언어적 의사소통의 가장 기본적 형태라고 할 수 있는데, 학습에서도 듣기는 가장 기본이 되는 언어 능력이다. 언어(말)는 시각과 청각 두 가지 통로를 통해서 우리에게 입력된다. 그중에서도 청각, 즉 듣기를 통한 입력이 더 자연스러운 과정이다.

이런 언어의 청각적 입력에 문제가 생기는 경우는 크게 두 가지로 파악할 수 있다. 즉 소리 자체가 전달이 안 되는 경우와 입력된 소리를 처리하지 못하는 경우다. 소리가 전달이 안 되는 경우에는 우선 청각 자체에 문제가 있는지를 먼저 살펴보아야 한다. 그것이 아니라면 주의력에 문제가 있어 특정 단어나 내용을 충분히 인지하지 못하기 때문일 수 있다. 청각에 문제가 없는데도 선생님이 하는 말을 제대로 알아듣지 못하는 아이들 대부분이 이런 경우다. 언어 전달이 제대로 이루어지지 않으면 언어를 처리할 수 있는 기본적인 조건이 충족되지 못하므로 언어 능력의 발달에 문제가 생긴다.

하지만 언어적 발달이라는 것이 온전한 청각적 기능만으로 이루어지는 것은 아니다. 듣기를 통해 상대방이 하는 말의 높낮이, 소리의 구조, 소리 자체를 지각해서 알아차리는 과정이 진행되어야 말은 말로서의 구실을 하게 된다. 이러한 과정에 문제가 있으면 말을 알아차리고 뜻을 이해하고 거기에 맞게 말을 만들어서 하는, 소위 언어적 의사소통 과정의 첫 단계가 어그러져 이후 모든 단계가 제대로 진행되기 어렵다. 그다지 흔한 일은 아니지만 아이가 이런 증상을 보인다면 전문적인 치료가 집중적으로 필요하다.

수업 시간에 선생님의 설명을 자주 놓치는 지민이가 상담실을 찾아온 적이 있다. 초등학교 1학년인 지민이는 친구들이 책을 펴는 순간에도 여전히 가방을 정리하고 있거나, 질문을 받고도 무슨 말을 들었는지 잘 모르는 표정을 짓곤 했다. 아이에게 이런 모습이 반복될 경우, 가장 먼저 청각 기능 자체에 문제가 있는지 살펴보아야 한다. 실제로 지민이는 중이염 병력이 있었고, 일정한 높낮이의 소리나 작은 목소리를 잘 듣지 못했다. 수업 중 선생님의 목소리가 뒷자리까지 또렷하게 전달되지 않으면, 소리 자체가 왜곡되거나 누락되면서 지민이가 전체적인 흐름을 파악하기가 어려웠다. 이런 아이는 선생님의 말이나 친구들의 발표 내용 중 일부만 단편적으로 받아들일 수밖에 없기 때문에 수업의 맥락을 놓치고 어긋난 행동을 보이기가 쉽다. 질문에 엉뚱하게 대답하거나, 친구들과 함께 활동을 할 때 혼자만 다른 행동을 보이는 경우가 많다. 지민이는 이비인후과에 가서 청력에 문제가 있다는 진단을 받고, 적절한 치료와 보조도구를 사용한 후 문제가 개선되었다. 이후 학업에 매우 정진하는 모범생으로 자라났다.

반면, 주의력 부족이나 학습 동기 저하로 인한 듣기 문제는 청각 기능이 정상이더라도 유사한 양상을 보인다. 예를 들어 소리를 듣기는 하지만 말의 중요성을 인식하지 못하거나 수업에 대한 관심이 떨어지면서 듣는 데 필요한 인지적 자원이 집중되지 않는 경우다. 이럴 때 아이는 겉보기에는 집중해서 잘 듣고 있는 것처럼 보이지만, 내용을 정확히 따라가지 못한다. 특히 새로운 활동으로 전환될 때 지시를 반복해서 설명해주어야 하며, 집중이 흐트러진 상태에서 듣는 말은 대부분 잊어버리거나 의미를 연결하지 못한다. 결과적으로, 지시 따르기, 활동 흐름 이해하기, 친구와의 협력에서 자주 충돌을 겪는다.

이처럼 겉으로는 모두 '말을 잘 못 알아듣는' 모습으로 보일 수 있지만, 그 원인이 청각 기능 자체인지, 주의력이나 학습 동기의 문제인지에 따라 개입 방향은 전혀 달라진다. 따라서 듣기의 문제 행동을 정확히 평가하려면 단순한 '이해력 부족'이나 '태도 문제'로 보지 않고, 언어 입력의 질적 측면과 인지 기능의 상태를 함께 살펴보는 다각적인 접근이 필요하다.

읽기 능력이 발달하면 깊은 사고가 발달한다

일반적인 발달 과정을 거칠 때 아이는 생후 6개월 이내에 옹알이를 시작한다. 이때는 한 음절짜리의 소리가 대부분이다. 이때 아이가 '마'라고 소리 내는 걸 '엄마' 소리로 착각하고, '빠'라고 하면 '아빠'를 부르는 줄 착각하고는 한다. 빠르면 생후 3개월부터도 이런 옹알이를 하기도 한다. 이때 "우리 아이가 나를 아빠라고 불렀다"며 아기가 천재가 아닐까 걱정(?)하는 의사 동료들을 본 적도 있다.

아이가 돌이 되면 첫 단어를 말하기 시작한다. 생후 2살 정도 되면 적어도 50단어 이상, 많게는 300단어 이상의 단어를 알게 되고, 단어들을 조합해서 자신의 생각을 표현하기 시작한다. 그리고 3살 정도 되면 3~4개의 단어를 이용해 문장을 만드는 것도 가능해진다. 이렇게 듣기와 말하기가 발달한 이후 문자라는 추상적 개념이 머릿속에 들어오고 나면 비로소 읽기가 가능해진다. 이때 문자가 그림과 다르다는 것도 인식할 수 있어야 한다.

초등학교 1~2학년이 되면 단어들이 음소가 합쳐서 만들어진다는 것을 알게 되고, 그것을 떼었다가 붙였다가 하는 것이 가능해진다. 이 단계가 지나서 초등학교 3~4학년이 되면 유창하게 읽을 수 있는 능력이 생기고, 글자를 읽고 단어를 해독하는 데에 뇌의 자원을 덜 쓰고 자동적으로 읽게 되면서 내용에 대해서 생각할 수 있는 힘이 생긴다. 따라서 사고력, 이해력도 더욱 자라게 된다.

초등학교 4학년이 지나 5~6학년이 되면 좀 더 복잡하고 긴 내용을 읽고 이해할 수 있다. 사춘기에 접어들면 사고력이 비약적으로 발달하게 되는데, 읽기 활동이 그것을 더욱 촉진시켜 준다.

예전에는 책을 많이 읽는 게 크게 권장받았고 책을 읽는 행위를 높이 평가했다. 하지만 시대가 바뀌면서 책보다는 인터넷이나 영상을 통해 정보를 얻고, 그것도 짧은 정보만 취사선택하

더 읽을거리

독서와 글쓰기만큼
뇌를 자극하는 학습법도 없다

교과 과정이 주로 글을 읽고 이해하고 해석하는 언어적 영역으로 구성되어 있지만, 자신의 머릿속에 있는 것을 활용하고 사용하는 연습으로 '이야기 만들기'만 한 것이 없다. 지금 나에게 전달된 자극(시각적이든, 청각적이든)에 의해서 기억하고 있는 정보를 끄집어내고 종합해서 새로운 무엇인가를 만드는 작업은 뇌의 거의 모든 영역을 다 활용하는 것이다. 이것을 단순히 말로만 하는 게 아니라 글로 쓰기까지 한다면 운동 영역 훈련까지 자연스럽게 이루어진다.

아이가 만약 즐겁게 글쓰기를 한다면 그 기회를 충분히 보장하고 격려해주는 것이 좋다. 그런 의미에서 보면 일기를 쓰는 습관이 뇌 활동을 촉진하는 가장 좋은 생활 습관 중 하나다.

글을 잘 쓰려면 일단 다른 사람의 이야기를 많이 읽어보아야 한다. 그러므로 독서의 가치가 또한 중요한 것이다. 초등학교, 중학교 때에 탄탄한 독서량을 쌓은 아이들이 고등학교 진학 후 입시 준비에서 후반부에 탄력을 받는다고 하는 이야기를 입시 전문가나 수험생활을 경험한 학생들로부터 자주 듣는다. 뇌과학적 관점에서 보아도 너무 당연한 이야기다. 책을 읽고 많은 어휘와 문장을 익혀두고, 그것을 유창하게 읽을 수 있는(그만큼 빨라진다) 주의력과 언어 능력을 가지고 있다면, 그리고 그것을 해석하고 평가하는 사고력을 가진다면 무슨 과목의 공부든 못할까. 만일 문학 작품을 읽고 그 문체의 아름다움, 글쓴이의 생각과 마음에 대한 상상까지 할 수 있다면 더 바랄 게 없을 것이다. 현재 독서 습관이 필독 도서를 읽는 수준에서 그치고 아이들에게 책 읽기의 즐거움을 느낄 만큼 편안하게 해주지 못하는 것도 미래의 경쟁력을 깎아 먹는 요소다.

고 그에 따라 행동하고 감각적으로 사는 사람들이 더 눈에 많이 띈다. 교육에서도 정보를 얻는 활동으로서의 독서의 의미는 많이 퇴색되었다. 독서의 의미가 학생에게 잘 전달되지 못하고 있는 현실에 우려의 목소리가 높은데, 실제로 뇌과학적 관점에서 보았을 때 독서는 뇌를 발달시키는 데에 결정적 역할을 한다. 충분한 독서로 뇌를 건강하게 만들어야 비판적 사고도 가능하고 새로운 개념의 창조도 가능해지는 것이다.

평균 1점보다 중요한 문제 해결 능력

우리나라 대학생들의 문제 해결 능력이 선진국이나 경쟁 국가에 비해 현저히 낮다는 우려 섞인 기사를 접한 적이 있다. 여기서 문제 해결 능력이란 낯선 과제를 실제로 얼마나 잘 해결해내는가를 평가하는 것으로, 많은 양의 지식이나 고차원적 지식보다는 기존의 능력과 지식을 어떻게 활용하는가를 말하는 것이다. 솔직히 임상 현장에 나와 있는 나도 이러한 우려에 크게 동감한다.

대학교 수강 신청을 부모가 대신 해주고 지도교수를 만나러 어머니가 찾아온다는 이야기를 듣고 기가 막혔는데, 이제는 심지어 신입사원인 아들을 위해 어머니가 상사를 만나러 온다는 이야기도 들려온다. 온실 속의 화초는 서리에 약한 법이다. 요즘 대학생들의 문제 해결 능력이 약화된 데는 수긍이 가는 이유가 있다. 이미 오래 전 이야기지만, 모처럼 만에 만난 의과 대학 후배들이 해주었던 의사 국가고시를 위한 과외도 있다는 이야기도 떠올랐다. 입시제도는 자꾸 바뀌지만 우리나라 입시의 근간은 아직도 선행과 암기력이다. 이는 많은 양의 문제를 빠른 시간 내에 좀 더 완벽하게 해결해내기 위한 수단이다. 대학에서는 이렇게 공부한 학생과 진정으로 사고력과 지식이 뛰어난 학생을 구분해내려고 하지만 우리나라의 사교육은 언제나 이들보다 한 수 위의 기량을 갖고 있는 것만 같다.

어쨌거나 현재의 입시 교육은 탁월한 암기력을 바탕으로 많은 기출 문제 혹은 족집게 문제를 푸는 것을 중요하게 여긴다. 이 부분에 가장 결정적인 역할을 하는 것이 바로 측두엽과 정서 뇌다. 이들이 주로 기억을 담당하는 기관이기 때문이다. 하지만 미지의 문제가 주어지는 경우에 가장 필요한 인지 역량은 전두엽이 담당하고 있다. 우리가 처음 부딪히는 문제를 해결하려면 먼저 문제에 대한 정확한 이해가 있어야 하고, 기존에 자신이 알고 있는 문제 중 어느 범주에 속하는지를 알아야 하며, 가능한 해결책에 대한 추론을 할 수 있어야 한다. 그리고 그 추론 중에서도 우선순위에 따라 구체적 행동을 어떠한 형식으로 하겠다는 합리적 의사결정을 내려야 하는데, 이 모두가 바로 전두엽의 몫이다.

이는 우리가 얼마나 많은 지식을 기억하고 있고 그것을 빨리 불러올 수 있는가와는 다른 뇌의 활동이다. 우리는 머리가 '좋다' 혹은 '나쁘다'를 판단하는 기준으로 지능지수를 떠올린다. 하지만 뇌과학자들 사이에서는 지능 검사가 전두엽의 기능보다는 측두엽의 기능을 많이 측정한다고 보는 견해가 강하다. 그래서 전두엽의 기능을 좀 더 세밀하게 측정하는 신경인지 기능 검사들이 많이 개발되어 있다.

우리나라 입시 현실을 피해갈 수는 없더라도 대입 이후의 진정한 경쟁력을 갖추기 위해 대비하는 것이 현명한 부모의 역할일 것이다. 문제 해결 능력이야말로 아이에게 반드시 갖추어야 할 능력인 것이다.

문제 해결 능력은 우리 주변에서도 쉽게 접할 수 있는 '하노이의 탑'이나 수학 교과서에도 나오는 패턴 찾기 문제 같은 것으로도 훈련할 수 있다. 아이들이 좋아하는 보드게임 중에도 문제 해결 능력을 요구하는 게임들이 적지 않다. 요즘에는 이러한 교구들을 가지고 아이와 놀아주면서 비싼 수강료를 받는 학원도 있다고 한다. 하지만 꼭 그런 곳에 가지 않더라도 집에서 아이와 즐겁게 놀면서 문제 해결 능력을 향상시켜줄 수 있는 게임을 한다면 정서 뇌와 전두엽을 동시에 발달시키는 일석이조의 효과를 얻을 수 있다.

해답은 문해력

문해력은 교과 학습뿐 아니라 사고력, 표현력, 문제 해결력까지 연결되는 가장 핵심적인 학습 역량이다.

OECD는 문해력을 "글을 이해하고, 활용하며, 성찰하고, 글에 담긴 정보를 바탕으로 사고를 전개해 사회에 효과적으로 참여할 수 있는 능력"이라고 정의한다. 이 정의에서 알 수 있듯, 문해력은 단순히 글자를 읽고 문장을 해독하는 기술이 아니다. 이는 글에 담긴 의미를 파악하고, 자신이 알고 있는 지식과 연결하며, 새로운 상황에 적용하고 사고로 확장하는 능력까지를 포함한다. 즉, 문해력은 읽기(reading), 이해력(comprehension), 사고력(thinking), 표현력(expression)이 통합된 고차원적 인지 능력이다.

더 나아가 문해력은 단순한 정보 처리를 넘어 비판적 사고, 창의적 사고, 사회적 이해력까지도 포함한다. 어떤 글을 읽고 "왜 이런 결론이 나왔을까?", "다른 관점에서는 어떻게 생각할 수 있을까?"라고 묻는 태도는 바로 문해력의 성숙한 형태다. 문해력은 단지 글을 읽는 능력이 아니라, 세상을 이해하고 해석하며 주체적으로 생각할 수 있는 힘이다.

문해력이 부족한 아이도 겉으로 보기엔 책을 잘 읽는 것처럼 보일 수 있다. 문장을 유창하게 소리 내어 읽기도 하고, 글의 줄

거리를 간단히 말하기도 한다. 하지만 조금만 더 깊은 이해를 요구하는 질문이 주어지면 아이는 당황하거나 엉뚱한 답을 내놓는다.

예를 들어, 초등학교 5학년인 주안이는 『소나기』를 읽고 난 후, 선생님으로부터 "소년이 왜 우산을 안 쓰고 갔을까?"라는 질문을 받았다. 선생님은 주안이가 소년이 느낀 감정과 소녀와의 마지막 장면에서의 상징성, 관계에 담긴 아련함 등을 떠올리길 기대했다. 하지만 주안이는 "비가 와서 그냥 빨리 가려고 한 거 아닐까요?"라고 대답했다.

주안이의 대답은 얼핏 논리적인 것처럼 들리지만, 사실은 인물의 감정과 글의 맥락을 충분히 이해하지 못한 상태에서 표면적인 정보만을 근거로 한 반응이다. 글을 해독하는 능력은 갖추었지만 글의 흐름, 인물의 심리, 상징적 의미를 파악하는 이해력과 사고력이 충분히 자라지 않은 것이다. 문해력은 바로 이런 이해력의 깊이와 맥락을 연결하는 힘이다.

문해력은 읽기와 쓰기, 이해력과 사고력 간의 유기적 상호작용 속에서 자란다. 읽기는 정보를 받아들이는 입구이고, 쓰기는 그것을 정리하고 표현하는 출구다. 독서를 통해 접한 문장 구조와 어휘는 쓰기를 통해 내면화되고 체계화된다. 이 과정이 반복되면, 아이는 단순히 지식을 수용하기만 하는 사람을 넘어서 사고하고 설명하는 사람으로 성장한다.

문해력은 특정 교과에 국한된 능력이 아니다. 수학 문제를 풀기 위해서도 문장을 정확히 읽고 조건과 질문의 논리를 파악할 수 있어야 한다. 과학의 실험 절차나 사회의 개념적 구조도 결국 언어를 통해 설명되고 이해된다. 문해력이 부족한 아이는 학년이 올라갈수록 각 과목을 이해하는 데 어려움을 겪게 되며, 이는 반복적으로 아이의 학습 동기를 저하시켜 학업 스트레스로 이어질 수 있다.

<mark>문해력을 키우는 가장 확실한 방법은 여전히 독서다.</mark> 책을 읽는 경험은 다양한 표현, 문장 구조, 맥락, 인물의 감정과 갈등을 다층적으로 접하게 한다. 아이는 독서를 통해 언어의 리듬과 의미를 감각적으로 체득하고, 배경지식과 어휘력을 확장하게 된다. 특히 꾸준한 독서 습관은 고학년으로 갈수록 학습량이 늘어나고 개념이 더 복잡해지기 시작할 때 든든한 버팀목이 된다. 실제로 뇌과학적으로도 독서는 뇌 발달에 결정적인 역할을 한다.

많은 부모가 "우리 아이는 책을 안 좋아하는데요"라고 말한다. 그러나 아이가 책을 읽지 않는 것이 문제라기보다는, 책을 읽는 '이유'와 '경험'을 제대로 안내받지 못한 경우가 많다. 독서는 단순한 공부가 아니라 자신이 이해하고 공감할 수 있는 콘텐츠를 통해 세상을 해석하는 방식이라는 것을 느껴야 비로소 자발적인 독서로 이어진다.

<mark>문해력은 하루아침에 자라지 않는다.</mark> 하지만 문해력이 잘 길

==러진 아이는 어떤 교과, 어떤 상황을 맞닥뜨리더라도 흔들리지 않는 학습 기반을 갖게 된다.== 결국 아이의 학습 체력을 결정짓는 것은 외부의 지식량이 아니라 그 지식을 받아들이고 자기 것으로 재구성할 수 있는 언어의 힘이며, 그 중심에는 '문해력'이 자리하고 있다.

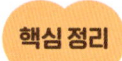 

1. 언어는 사고력의 토대이자 학습의 가장 기본적인 출발점이다.
언어가 없다면 고차원적 사고 자체가 불가능했을 만큼 언어는 지적 활동의 전제 조건이다. 읽기와 쓰기 능력은 단순한 기술이 아니라 사고를 표현하고 확장하는 수단이다. 언어는 국어뿐 아니라 수학·과학 등 모든 교과의 사고 과정을 매개하며, 언어 발달이 지연되면 읽기·쓰기뿐 아니라 고차원적 사고가 필요한 과목 전반에서 학습 부진이 나타난다.

2. 듣기 능력은 언어 발달의 첫 관문이다.
소리를 정확히 지각하고 처리하지 못하면 언어 이해와 학습 흐름 파악을 방해해 수업 전반의 참여와 사회적 상호작용에 악영향을 준다. 이는 청각 기능 자체의 손상이 원인일 수도 있고, 주의력이나 동기 저하에 따른 인지적 누락일 수도 있다.

3. 읽기 능력의 발달은 사고력 확장과 직결된다.
초등 고학년부터는 읽기가 자동화되면서 뇌의 여력이 '내용 이해와 사고 확장'으로 이동한다. 특히 독서는 사고의 회로를 확장시키는 핵심 활동이다. 또한 어휘력·문장 구조·맥락 이해력을 풍부하게 만들어준다. 어릴 적부터 쌓인 독서력은 고등 학습에서 결정적인 학습 격차로 이어진다.

4. 지식 암기보다 '문제 해결 능력'이 진짜 경쟁력이다.
낯선 문제를 해결하려면 전두엽이 작동해 문제를 이해하고 범주화해 추론하고 의사결정하는 사고 과정을 거쳐야 한다. 주입식 학습 위주의 입시 교육은 측두엽(기억력) 중심으로 설계돼 있어 진정한 사고력과의 간극이 크다.

5. 문해력은 읽기·이해력·사고력·표현력을 통합한 고차원적 인지 능력이다.

문해력은 단순히 문장을 해석하는 행위를 넘어 글의 의미를 파악하고, 맥락을 이해하고, 비판적으로 사고하고, 창의적으로 적용하는 과정까지를 포함한다. 수학, 과학 등 모든 교과의 학습도 결국 언어적 해석을 기반으로 하며, 문해력의 수준이 학습 격차를 만든다.

6. 자발적이고 충분한 독서 경험이 문해력을 키운다.

독서는 언어의 리듬, 표현, 감정, 맥락을 통합적으로 경험하게 한다. 책을 좋아하지 않는 아이는 의지가 부족한 게 아니라 독서 경험의 설계가 부실한 경우가 많다. 문해력은 하루아침에 자라지 않지만, 한번 길러지면 어떤 상황에도 흔들리지 않는 학습 기반이 된다.

암기형보다
이해형이 더 오래 공부한다

상위 1퍼센트 공부 뇌의 비밀

우리나라 부모들의 교육열은 정말 놀랍다. 그 뜨거움, 열정이 놀라울 뿐만 아니라 체계적인 교육 스케줄을 짜내는 능력 또한 대단하다. 국내외의 유수 명문대에 보내기 위한 학습 계획을 자녀가 유치원에 들어가기도 전에 다 짜 놓는다.

나는 대치동에서 오랜 기간 학습 상담을 해왔다. 자녀를 키우는 학부모로서 시중에 나와 있는 '명문대 보내기', '1등급 만들기' 등과 같은 책들이 궁금한 적 없었다고 하면 거짓말이겠지만, 그간 이곳에서 얻은 많은 경험들은 오히려 그런 '비법들'의 유혹에 빠지지 않도록 큰 도움을 주었다.

대치동에서 극소수만 알고 있다는 스케줄에 따라 관리된 아이들이 특목고 입학 시점이 되자 성적에서 많은 편차를 보인 사례가 있었다. '개인의 능력 차이인가 보다' 싶어서 지능을 비교해보니 차이는 거의 없었다. 사실 지능이란 것이 학업 성적에 미치는 영향은 작게는 15퍼센트, 크게는 25퍼센트 정도로 보기 때문에 지능상으로는 차이가 없는 것이 당연하다. 그럼 환경의 차이였을까?

사실 내게 상담 온 학생들의 환경은 두드러지게 차이가 나지도 않는다. 부모가 "공부! 공부!" 노래를 하며 스트레스를 주는 것도 아닌데 성적이 시원치 않은 아이들이 있었고, 아무리 아이의 성적이 좋아도 만족을 못하고 1등을 외쳐 대는 집에서도 성적이 월등한(지능이 월등한 것이 아닌) 아이도 있었다.

비슷한 지적 능력에, 유사한 환경, 거의 흡사한 사교육 코스, 게다가 초반에는 성취도도 비슷했는데 과연 어디에서 결정적인 차이가 난 것일까? 연구 끝에 중요한 포인트를 하나 발견했다. ==중학교를 마칠 무렵까지 우수한 성적을 유지하여 특목고에 진학할 수 있었던 아이들은 예외 없이 '이해형 사고 습관'을 가지고 있었다. 이 아이들은 배우는 법을 알고 있었던 것이다.==

똑같이 학원에 가서 영어 단어 외우기나 수학 문제 풀기를 숙제로 받아오더라도 이 아이들은 단어를 어떻게 외울지, 문제를 쉽게 풀 수 있는 접근법은 무엇일지 늘 습관적으로 생각하면서 공부하고 있었다.

반면에 성적이 떨어진 아이들 중에는 '암기형 사고 습관'을 가지고 있는 경우가 많았다. 이들에게 공부란 곧 '얼마나 많이 외우고', '얼마나 정확하게 다시 떠올릴 수 있느냐'의 문제였다. 그렇다면 왜 이런 '암기형 사고 습관'을 가진 아이들의 성적은 나빠진 것일까? 바로 공부에 대한 흥미를 잃어버렸기 때문이다.

이 아이들이 공부에 흥미를 잃은 이유는 내용이 어려워서가 아니라 아이러니하게도 배울 내용들이 이미 알고 있는 내용이 대부분이었기 때문이다. 부모가 미리 짜준 학습 진도에 따라 선행 학습을 열심히 해온 덕분에 수업 시간에 다루는 개념이나 공식은 거의 다 습득한 상태에서 수업을 들었다. 아이 입장에서는 '새로 배울 것'이 없으니 수업이 지루하고 공부할 의욕도 점점 약해진다. 그러나 문제는 이 시점이다. 분명 수학 공식도 다 들어본 것이고 영어 단어도 다 외웠던 것인데 막상 필요할 때는 떠올리지 못하는 것이다. 외웠는데 생각이 나지 않는 경험이 반복되면 아이들은 또 열심히 외운다 해도 생각이 날 거라는 확신을 갖지 못하게 되면서 공부에 대한 자신감도 함께 무너진다.

암기형 아이들은 국어에서도 직관적인 능력이 필요한 부분은 어려워했다. 특히 문제 유형이 약간만 바뀌어도 당황했고, 문제가 조금만 복잡하다 싶으면 아예 푸는 것 자체를 피하려 드는 경우가 자주 관찰되었다. 반복하여 지식을 집어넣는 것에는 익숙하지만, 정보를 분석하고 맥락에 따라 유연하게 적용하는 사고는 잘 훈련되어 있지 않기 때문이다.

이러한 현상은 뇌의 작동 방식과도 관련이 깊다. ==사실 우리의 뇌는 이전과 같은 자극이 들어오면 그 자극에 대해 점점 무뎌지고 무관심해진다.== 어떤 정보가 뇌에 새로운 자극으로 인식되려면 정보를 이리저리 분석하고 조합하는 과정이 필요한데, 암기형 사고에 익숙한 아이들의 뇌는 이런 과정을 거의 거치지 않는다. 그 결과, 수업 시간에 배우는 정보는 그저 '또 하나의 반복된 자극'일 뿐인 것이다. 이런 아이들에게 공부란 '지루한 일'이 되어버린다. 뇌가 자극을 느끼지 않으니 집중도 어렵고 효율성도 낮아지게 된다.

반면 이해형 사고 습관을 가진 아이들은 오늘 자기가 공부하는 단원에서 꼭 알아야 할 학습 목표를 찾을 줄 알고, 그 목표의 의미를 잘 이해한다. 이 아이들은 같은 단원, 같은 공식을 공부하더라도 그것의 의미를 뇌에 전달했기 때문에 뇌는 그 의미에 맞추어 정보를 분석하게 된다. 이와 같은 분석 과정이 뇌에 자극이 되어 공부에 지루함을 느끼지 않고 정보 처리도 효율적으로 하는 것이다.

외우는 아이와 이해하는 아이는 무엇이 다를까

이 시점에서 암기형(Know)과 이해형(Understand)의 차이를 조금 더 깊이 들여다볼 필요가 있다. 앞서 언급했듯이, 단순히 '성적이 잘 나오는 아이'가 장기적으로도 학습 성취가 높은 것은 아니다. 진짜 차이를 만드는 건 '정보를 어떻게 받아들이고, 어떻게 처리하느냐'다.

암기형 아이들은 주어진 정보를 빠르게 외우고 정확하게 되뇌는 데 능숙하다. 단어나 공식을 외우고, 요점을 정리하는 속도도 빠르다. 그러나 막상 문제 상황이 조금만 바뀌거나 조건이 복잡해지면 당황한다. 겉으로 보기엔 '공부 잘하는 아이'로 보일 수 있지만, 실제로는 정보의 구조나 의미에 대한 이해 없이 단순히 저장하고 복제하는 방식에 익숙해졌기 때문이다. 이런 아이들은 학습이 누적될수록 점점 더 흥미를 잃고, 배운 지식이 새로운 개념과 연결되지 못해 지루함을 느끼게 된다.

반면에 이해형 아이들은 속도는 느릴 수 있지만, 배운 내용을 자기 언어로 재구성하고 다양한 맥락과 연결 지으려는 사고 습관을 갖고 있다. 이들에게 학습은 단순한 정보의 집합이 아니라 '이해할 만한 대상'이다. 이 아이들은 내용이 의미 있게 다가올 때 강한 집중력을 발휘하고 배운 것을 자기 것으로 소화해 낸다.

이 두 유형의 차이는 벤저민 블룸의 '인지적 학습 영역 이론'으로도 명확하게 설명된다. 블룸은 학습자의 인지 능력이 단계적으로 발전한다고 보고, 다음과 같은 여섯 가지 수준을 제시했다.

- **지식(기억)**: 정보를 그대로 기억하거나 암기하는 단계
- **이해**: 정보를 해석하고 요약하며, 자기 언어로 바꾸는 능력
- **적용**: 학습한 내용을 새로운 상황에 활용할 수 있는 능력
- **분석**: 정보의 구조와 관계를 나누어 파악하는 능력
- **종합**: 여러 개념을 통합하고 새롭게 구성하는 능력
- **평가**: 기준을 세우고 비판적으로 판단하는 능력

암기형 아이들은 이 피라미드의 1단계인 '지식' 수준에는 매우 강하다. 하지만 그 위 단계인 '이해' 이상의 영역으로 넘어가는 데 어려움을 겪는다. 반면 이해형 아이들은 2단계 이상으로 올라갈 준비가 되어 있으므로 같은 공부를 하더라도 더 넓게, 더 깊게 받아들일 수 있다.

문제는 많은 부모들이 이 차이를 간과한다는 점이다. 아이를 키우면서 흔히 고민하는 주제는 '학원은 어느 정도 보내야 하는지', '선행 학습은 어떻게 시켜야 할지'다. 주변 사람들에게서 조언을 듣거나 성공 사례를 통해 배울 수도 있다. 하지만 난

기적인 성적에 집중한 나머지, 아이의 사고 체계를 기억 중심으로 고정시키고 있다. 학원 스케줄을 빽빽하게 채워주고, 아이가 숙제를 빠르게 끝내는 것을 '성실함'으로 착각하는 사이, 아이는 방 안에서 '어떻게 하면 잘 이해할 수 있을까?'가 아니라 '어떻게 하면 숙제를 빨리 끝낼까?'에 집중하게 된다. '이해하려는 태도'가 아닌 '해치우는 방식'으로 학습을 대하는 습관을 익히고 있는 것이다. ==아이가 바쁘게 학원을 다니고 숙제를 하면서 실력이 늘고 시험도 잘 보는 것 같지만, 바로 그 순간 내 아이는 '암기형 아이'로 길들여지고 있음을 기억해야 한다.== 그렇게 형성된 암기형 사고 습관은 결국 학년이 올라가고 사고의 유연성과 심화 이해가 요구되는 시점에서 한계를 드러내게 된다.

정서가 흔들리면 사고도 멈춘다

그렇다면 어떻게 해야 우리 아이를 이해형 학습자로 성장시킬 수 있을까? ==핵심은 두 가지다. 첫째는 '시간적 여유', 둘째는 '정서적 즐거움'==이다. 아이가 스스로 생각해볼 틈이 없을 정도로 바쁘다면 아무리 훌륭한 수업이라도 의미를 갖기 어렵다. 아이가 어떤 단원을 배울 때 "이건 왜 그런 걸까?", "어디에 쓸 수 있지?"라는 질문을 자연스럽게 던질 수 있어야 한다. 그리고 부모는 그 질문에 정답을 알려주는 대신 아이가 사고하는 과정 자체를 칭찬하고 격려해주어야 한다.

공부는 단지 '얼마나 많이 외웠는지'를 겨루는 양적 경쟁이 아니다. 어떻게 생각하고, 어떻게 연결하며, 어떻게 적용하는가를 묻는 질적 여정이다. 우리 아이가 지금 당장은 암기형 사고 습관을 가지고 있을 수 있다. 그러나 질문을 열어주고 사고를 존중해주는 경험이 차곡차곡 쌓이면 아이는 반드시 이해형 학습자로 성장할 수 있다. 성적은 그렇게 따라오게 되어 있다.

한 가지 꼭 당부하고 싶은 것이 있다. 아이가 초등학생이라면 적어도 하루에 한 시간은 아무런 압력도 받지 않고 아이 스스로 원하는 대로 시간을 쓸 수 있도록 해주어야 한다는 것이다. 단, 이때 주의할 점은 하고 싶은 일에 TV 시청이나 인터넷, 컴퓨터 게임은 제외다. 이런 활동은 뇌를 수동적으로 만들기 때문에 이해형 사고를 키우는 데 방해가 된다.

사실 부모들이 가장 어려워하는 부분이 바로 이 지점이다. 요즘 아이들은 밖에서 뛰어놀거나 다른 놀이 문화가 부족해서 자연스럽게 인터넷이나 게임으로 놀이 시간을 채우는 경우가 많다. 당연히 아이들 입장에서는 이 시간을 쉽게 포기하기 힘들 것이다. 어떤 아이들은 주말에만 게임을 하겠다는 약속을 잘 지키지만 어떤 아이들은 잘 지키지 못한다.

이러한 차이의 가장 큰 원인은 부모와 자녀 사이의 관계다.

부모와 관계가 좋은 아이들은 부모의 규칙에 잘 순응하지만, 사이가 좋지 않으면 상황은 바로 힘겨루기에 들어가게 된다. 순응하는 아이에겐 부모도 관대해져서 상으로 조금 더 허용해주거나 또 다른 보상을 주기도 한다. 그러나 힘겨루기를 하게 되면 아이와 한판 승부를 벌여야 한다. 문제는 이 승부에서 부모가 이긴다고 해도 부모들이 원하는 방향으로 아이가 움직이지 않는다는 점이다.

힘겨루기에서 진 아이들은 아예 무기력해지거나 좀 더 수동적이지만 공격적인 방법으로 부모의 속을 썩이려 든다. 물론 이런 상황은 절대로 부모가 바라는 학습 환경이 아니다. 세상에 어떤 부모가 자녀가 '거짓된 순응' 속에서 공부하는 모습에 만족할 것이며, 또 자녀가 행복하지 않기를 바라겠는가? 무엇보다 부모와 자녀의 힘겨루기는 결국 아이가 이해형 학습자로 성장하는 것을 가로막는 큰 장애물이 된다.

앞에서 살펴보았듯, 전두엽은 우리 뇌에서 고도의 지적 작용을 담당하고 있다. 이 전두엽을 움직이는 동력은 변연계, '정서 뇌'다. 정서 뇌가 움직이지 않으면 지적 활동을 담당하는 전두엽도 멈춘다. 다시 말해, ==아이가 행복하지 않으면 학습 능력을 담당하는 뇌의 기능이 제대로 작동하지 않는다.== 진정으로 자녀를 우등생으로 만들고 싶다면, 학습 전략을 짜기 전에 아이의 '행복추구권'부터 보장해주어야 한다.

아이가 부모와의 관계에서 슬픔이나 분노를 자주 느낀다면 아이의 정서 뇌는 계속 우울한 상태에 머물게 된다. 이 상태에서는 아무리 열심히 공부해도 그저 수없는 반복을 통한 지식만이 아이의 머릿속에 저장될 뿐이다. 반대로 즐거운 감정은 뇌를 활발하게 작동시켜 창의적이고 효율적인 학습을 가능하게 한다. 즉 자녀의 훌륭한 학습 파트너로서 부모의 역할을 해내고 싶다면, 아이에게 여유와 즐거움을 누릴 수 있는 환경을 만들어주어야 한다. 물론 게임이나 스마트폰은 멀리하고서 말이다.

종종 태권도나 축구 같은 체육 활동을 아이에게 여유와 즐거움을 누리도록 하는 환경으로 착각하는 부모들이 있다. 하지만 이 활동들을 아이들이 정말 원해서 하는 건지, 아니면 또 다른 교육의 연장선으로 체육 학원을 다니는 것인지 잘 따져봐야 한다. 아이가 원하지 않는 체육 활동은 아이의 확산적인 사고에 별로 도움이 되지 않는다.

이렇게 이야기하면 부모님들이 항변한다.

"제가 아이에게 한가한 시간을 안 주는 것이 아니에요. 시간이 있으면 아이가 한정 없이 시간을 허비하다가 늘 숙제할 시간도 모자라게 된다니까요."

하지만 이것은 시간의 문제가 아니라 관계의 문제다. 아이에게 "하루에 한 시간은 네 마음대로 써도 좋아"라고 미리 명확하게 알려주고, 그 시간을 실제로 보장해준다면 아이들은 내개 그 시간을 즐기고, 그다음 자신이 해야 할 일을 따른다. 만약 그렇지 않다면, 부모와 자녀 사이에 소통이 어긋나 있다는 신호다.

AI 시대, 이해형 학습자에서 비판형 학습자로

지금은 AI가 글을 쓰고 요약을 제공하는 시대다. 정보를 물으면 금세 답을 내놓고, 핵심도 빠르게 정리해준다. 이런 환경 속에서 기존의 '이해형 학습자', 즉 누군가가 설명해준 내용을 잘 따라가고 기억하는 유형의 학습만으로는 충분하지 않다. 앞으로는 AI가 제공하는 정보를 무비판적으로 받아들이지 않고, 그 의미와 타당성을 직접 따져볼 수 있는 '비판형 학습자'가 되어야 한다.

스위스 응용과학대학의 교육기술 연구자 요시자 발터(Yoshija Walter) 연구팀은 AI 시대를 살아갈 학생들에게 필요한 핵심 역량으로 프롬프트 설계 능력, 비판적 사고력, 디지털 리터러시를 제시했다. 특히 '무엇을 어떻게 물어볼 것인가'와 '그 답을 어떻게 해석하고 판단할 것인가'가 학습의 질을 좌우한다고 강조한다. 이는 단순히 이해하는 능력이 아니라 정보를 스스로 재구성하고 선별하는 능력이다.

AI는 요약은 잘하지만 맥락은 종종 놓친다. 답은 제공하지만 그에 대한 설명 책임은 지지 않는다. 따라서 학습자는 점점 더 결과를 받아들이는 데에 머무르지 않고, "왜 이런 답이 나왔지?", "이건 어떤 기준과 논리에 기반한 걸까?", "다르게 생각해 볼 수 있지 않을까?"와 같은 질문을 던지는 훈련이 필요하다.

예를 들어, '태양과 지구 사이의 거리'를 AI 도구나 교과서에서 찾아본다고 하자. 이해형 학습자는 단순히 '1억 5천만 km'라는 숫자를 외우는 데 그치지 않는다. 이 학생은 왜 그런 거리 차이가 중요한지, 이 거리가 지구의 계절이나 기온 변화에 어떤 영향을 주는지, 지구가 공전할 때 어떤 궤도를 그리는지 등을 함께 살펴본다. 내용을 구조적으로 이해하고, 원리 사이의 관계를 파악하려는 태도를 가지고 있는 것이다.

하지만 여기서 한 걸음 더 나아가려면, 비판형 학습자의 시선이 필요하다. 같은 내용을 접했을 때 비판형 학습자는 "이 거리는 어떻게 측정한 걸까?", "사람들은 언제부터 이 사실을 알게 되었을까?", "태양과 지구의 거리를 다르게 이해했던 시대는 없었을까?" 같은 질문을 던질 줄 안다. 정보의 출처나 기준, 측정 방식에 의문을 갖고, 다른 자료를 찾아 비교하거나 역사적 배경과 과학적 맥락 속에서 새롭게 바라본다. ==같은 개념을 공부하더라도 비판형 학습자는 정보를 받아들이는 데서 멈추지 않고, 정보에 대한 관점과 해석을 구성하려는 태도가 중심이 되는 것이다.==

영국 교육부는 이미 초등 고학년부터 '비판적 사고 중심 교육(Critical Thinking across Curriculum)'을 권장하고 있으며, 핀란드와 싱가포르 역시 AI 활용을 전제로 한 창의적 문제 해결 교육을 강화하고 있다. 이는 교육 철학이 아니라 실제 미래 역량을 키우기 위한 정책적 전환으로 볼 수 있다.

결국, 지금의 학습자에게 필요한 건 단순 이해력보다는 정보에 대해 의심하고 비교하며 의미를 확장할 수 있는 내적인 인식 구조를 기르는 것이다. 이해형 학습은 그 출발점일 뿐이며, 그에 머무른다면 AI의 도움을 받는 데에서 더 나아가지 못한다. 그러나 비판형 학습자는 AI 도구를 적절히 활용하면서도 그 너머로 자신의 사고를 확장할 수 있다. 지금 필요한 변화는 바로 여기에 있다.

 **핵심 정리**

1. **'어떻게 배우느냐'가 성적 초격차를 만든다.**

    지능, 환경, 사교육이 비슷한 아이들 사이에서도 결과는 크게 갈린다. 끝까지 성취를 이어간 아이들은 공통적으로 '이해형 사고 습관'을 가지고 있었다. 이해형 사고 습관을 가진 아이들은 공부할 때 무작정 외우지 않고 "어떻게 하면 쉽게 이해할 수 있을까?"를 먼저 고민한다.

2. **암기형 학습은 성적은 빠르게 오를지 몰라도 쉽게 한계에 부딪힌다.**

    암기 위주의 학습은 공부를 지루하게 만들어 쉽게 흥미를 잃게 한다. 또한 여러번 외웠던 내용인데도 필요할 때 잘 떠오르지 않으면서 아이의 공부 자신감을 무너뜨린다. 암기형 사고 습관을 가진 아이들은 문제 유형이 바뀌면 적용을 못하고 금방 좌절한다.

3. **이해형 학습은 뇌를 자극하고 집중력을 높인다.**

    뇌는 정보를 분석하고 의미를 연결하는 과정이 있어야 '새로운 자극'으로 받아들인다. 이해형 학습은 공부를 지루한 일이 아니라 흥미로운 탐구로 만든다. 이해형 학습의 핵심은 시간적 여유와 정서적 즐거움이다. 빽빽한 스케줄은 사고를 닫게 만들고, 단순 수행만 남긴다.

4. **정서가 흔들리면 사고도 멈춘다.**

    전두엽(사고)을 움직이는 동력은 감정이다. 아이가 불행하거나 공부에 압박을 받으면 생각 자체가 막힌다. 아이가 어릴수록 하루 1시간은 아이가 <u>스스로</u> 원하는 방식으로 쓰게 해준다(게임·영상 제외). 또한 부모와의 관계에서 신뢰를 먼저 세워야 한다.

5. AI 시대에는 '이해형'을 넘어 '비판형 학습자'가 필요하다.

AI 도구는 답은 제공해주지만 맥락은 자주 놓친다. 따라서 정보를 비판적으로 바라보고, 비교할 줄 알아야 한다. "왜 이런 답이 나왔지?"라는 질문이 학습의 깊이를 만든다.

창의력 높은 아이가
공부도 잘한다

산만함과 창의력 사이,
진짜 차이를 만드는 것

책상 앞에 오래 앉아 있고 지능지수가 뛰어난 아이보다 남들과는 다른 방식으로 생각하고 독특한 발상을 할 줄 아는 창의적인 아이가 결국 더 앞서 나가고 학업 성적도 우수하다는 의견이 학부모들 사이에서 인정받기 시작하는 분위기다. 그래서 창의력을 키워준다는 입시 학원에 앞다투어 등록하는 부모들도 적지 않다.

하지만 창의력(creativity)이 높은 아이들이 곧 영재라는 생각은 잘못된 인식이다. '영재'란 어떤 특정 영역에서 역량이 뛰어난 사람을 말한다. 1970년대에 미국에서 시행된 한 연구에서, 영재 판정을 받은 수백 명의 아이들 가운데 창의력이 뛰어난 성인으로 자라난 사례는 단 한 명도 없었다는 보고가 있다. 이 사실만 보더라도 영재성과 창의성은 분명히 다른 능력임을 알 수 있다. 또한 영재성은 선천적인 자질로 여겨지는 반면, 창의성은 누구나 보편적으로 가질 수 있는 능력으로 인식되는 경향이 있다.

창의성과 산만함은 종종 비슷하게 보일 수 있다. 하지만 창의성이 곧 무질서함이나 산만함을 의미하는 것은 아니다. 아이가 창의적인 사람으로 자라게 될지 산만한 몽상가가 될지는 '현실에서 아이디어를 실현할 수 있는 능력'이 있느냐에 달려 있다.

창의력은 정의하기 어려운 개념이다. 그리고 뇌의 어떤 부위가 창의력을 담당하고 있는지도 아직까지 충분히 연구되지 않았다. 하지만 러시아 연구진이 창의적 사고 과정에서의 뇌의 혈류량과 뇌파의 변화를 측정해 흥미로운 결과를 발표했다. 창의적 사고를 할 때는 뇌의 양쪽 전두엽과 측두엽의 경계 부분이 활발해지며, 양쪽 뇌의 상호작용이 뚜렷하게 증가했다는 것이다. 이는 창의성 개발이 특정 뇌 부위, 이를테면 '우뇌만 발달시키면 된다'는 식의 단순한 접근으로는 설명될 수 없음을 보여준다. 창의적인 사고는 양쪽 뇌 반구가 유기적으로 상호작용하며 활발해지는 복합적인 과정이다.

아이의 창의력을 키우는 첫 번째 공간, 가정

창의성을 길러줄 수 있는 가장 좋은 공간은 가정이다. 하지만 창의성이 가장 쉽게 손상되는 곳 또한 가정이다. 그 이유는 부모가 아이의 창의성을 곧 '영재성'과 비슷한 것으로 오해하고 경쟁에서 앞서 나가기를 바라는 경우가 많기 때문이다. 그러나 창의성은 성취를 위한 무기가 아니다. 창의성이라는 것은 경쟁과 평가에 의해 쉽게 꺾이고 위축된다. 그런 점에서 가정은 아이의 창의성이 자라나는 터전이 될 수도, 반대로 시들어버리는 첫 번째 환경이 될 수도 있다.

창의성이 억압당했던 호성이 이야기

초등학교 1학년 호성이는 호기심이 많은 아이였다. 호성이의 어머니는 호성이가 산만하고 충동적이어서 ADHD가 아닌지 걱정하는 마음으로 상담실을 찾았다. 호성이는 눈빛이 초롱초롱 살아 있는 아이였지만 어쩐지 말을 잘 하지 않으려고 했다. 그런데 어머니가 상담실에서 나가자 호성이가 달라지기 시작했다. 자신이 좋아하는 자동차와 로봇에 대해 신나게 이야기하기도 하고, 학교에서 있었던 일도 잘 이야기했다. 그러나 집에서 있었던 일들을 이야기할 때면 눈빛이 흐려지고 풀이 죽었다.

호성이에게는 두 살 아래의 남동생이 있었다. 둘은 함께 뛰어놀고 장난치는 걸 좋아했다. 그러나 어머니는 집에서 아이들이 뛰고 소리 지르는 것을 엄격하게 금지했다. 그럴 시간이 있으면 차라리 책을 보라는 게 어머니의 지론이었다. 그러나 호성이는 책을 쌓아서 집을 짓거나 전투 놀이의 진지도 만들며 노는 아이였다. 이런 행동들은 모두 어머니가 싫어하는 행동들이었다. 그나마 호성이가 이런 놀이를 할 시간도 많지 않았다. 학교 다녀오면 여기저기 다녀야 할 곳이 많았기 때문이다. 호성이가 동생에게 "야! 일곱 살이 얼마나 바쁜 줄 알아?"라고 말할 정도였다.

호성이의 검사 결과, 호성이는 대단히 우수한 지능을 가지고 있었고, 추상적·시공간적 사고력과 지적 호기심도 탁월한 아이였다. 그러나 아이의 재능은 오로지 빽빽한 선행 학원을 다니는 데에만 쓰이고 있었다.

검사 결과를 보고 어머니에게 아이가 너무 묶여 있다, 아이를 좀 풀어 주어야 한다고 조언하며 부모 교육 상담을 해볼 것을 제안했다. 하지만 어머니는 "생각해보겠다"는 말로 거절하고 상담실을 떠났다.

약 1년 후, 어머니와 호성이가 다시 나를 찾아왔다. 이번엔

사정이 달랐다. 아이가 성적이 떨어지고 신경질이 늘어나는 등 더 이상해졌다는 것이었다. 지난 1년 동안 호성이의 생활은 하나도 달라진 것이 하나도 없었다. 학년이 올라가면서 학원에 있는 시간이 길어지고 숙제가 많아진 것 말고는. 호성이의 심리적 우울과 분노는 더 커져 있었다. 나는 어머니에게 호성이에 대한 심리치료와 부모 교육을 권했다. 이번에는 다행히 호성이 어머니도 찬성해주었다.

창의성을 살려주는 처방

부모 교육은 대개 교회나 사회복지 시설에서 하는 것이 많다. 이런 곳에서 다루는 내용은 대체로 기본적이고 보편적인 원칙들이다. 사실 기본 원칙을 아는 것만으로도 부모와 아이 모두에게 긍정적인 변화와 도움을 받을 수 있다. 하지만 많은 부모가 "알기는 하지만 아이에게 적용하기가 어렵다"고 말한다.

이는 자녀가 가진 문제나 가정의 문제를 정확히 이해하지 못하기 때문인 경우가 많다. 이런 경우에는 아이만 상담이나 훈련을 받는 것만으로는 충분하지 않으며, 부모 역시 함께 부모 교육이나 훈련에 참여하는 것이 필요하다.

호성이와 놀이치료를 한 달쯤 진행한 어느 날, 호성이 어머니가 말했다.

"그러고 보니 호성이가 저렇게 웃는 게 오랜만인 것 같아요."

호성이 어머니는 호성이가 어렸을 때 보여준 재능을 보고 그 재능을 키워주리라 마음을 먹었다고 한다. 그래서 여기저기 정보를 입수해서 좋다는 학원과 과외, 예체능 활동 등 좋다는 건 모조리 등록했고, 아이의 시간을 허투루 쓰는 게 아까워서 아이가 멍하게 있으면 잔소리를 많이 했다.

나는 어머니에게 '서번트 증후군'의 사례를 설명해주었다. 그리고 어머니가 호성이에게 원하는 것은 그러한 영재인 것 같다고 말했다.

서번트 증후군(savant syndrome)이란 어떤 특정 분야, 이를테면 암기력이나 수학 계산력에 있어서 탁월한 감각을 나타내는 사람을 일컫는 말이다. 한 화가가 헬기 위에서 한번 본 풍경을 마치 항공사진이라도 찍은 것처럼 정확하게 묘사해 그래서 언론에서 화제가 되었던 적이 있다. 이런 특출한 재능을 타고난 사람들은 신경과학자들의 많은 관심의 대상이 되었는데, 이들은 대부분 사회성이 매우 결여되어 있는 문제를 가지고 있었다. 한 가지 흥미로운 사실은 이들이 치료나 상담 프로그램을 통해 사회성을 회복하게 되면 이런 특출한 재능을 잃어버리는 경향이 많았다는 것이다. 사회성이 발달하지 못하는 대신 보상적으로 뇌의 특정 인지 기능이 발달했던 것이다. 그리고 그것이 비정상적이란 측면에서 '증후군'이란 말이 붙게 되었다.

호성이 어머니는 나의 설명을 듣고 그제야 뭔가 깨달은 듯한 표정을 지으며 "제가 어떻게 하면 되나요?"라고 물었다. 내 대답은 명쾌했다. "학원 끊으시고요, 집을 운동장으로 만드세요."

아이가 집에서 온갖 상상놀이를 하는 것은 창의력을 키우는 데 매우 기본적이고 중요한 요소다. 호성이처럼 머리가 우수한 아이들이, 그리고 놀이 욕구가 강한 아이들이 얼마나 많은 연상들을 서로 이어가면서 뇌를 자극시킬 것인가? 내 눈에는 호성이의 머릿속에서 시냅스들이 마치 불꽃놀이처럼 서로 만나고 연결이 이어지고 강해지는 모습이 상상이 되었다.

호성이 어머니의 올바른(?) 성품 때문에 집이 운동장이 되는 데에는 시간이 좀 걸렸다. 하지만 어머니를 격려해주면서 서서히 그렇게 바뀌어갈 수 있었다. 동시에 시험 성적에 대한 부담을 줄이도록 했다. "시험 잘 보면 상 줄게" 같은 말도 하지 않도록 했다. 아이가 공부를 '즐겁게' 느낄 때까지 기다리자고 끊임없이 설득했다. 이 설득이 가능했던 건, 호성이 어머니가 마음속 깊이 '호성이가 창의적이고 개성적으로 사는 것이 좋다'는 굳은 믿음을 가지고 있었기 때문이다. 자신과 성격이 다른 호성이를 인정하는 것이 결코 쉽지 않은 일이었을 텐데도 끝까지 흔들리지 않는 모습이 참 인상적이었다.

그렇게 1년이 지나자 호성이는 아주 밝아졌다. 다소 장난꾸러기이기는 했지만 기발한 생각을 자유롭게 표현하고 그것을 남에게 잘 설명할 줄 아는 총명한 어린이가 되었다. 2년 뒤, 과학을 좋아하던 호성이가 대학교에서 운영하는 영재학교에 입학 허가를 받았다는 소식이 전해졌다. 그 사이에 어머니의 마음이 다시 변해 또 많은 학원에 다니고 영재학교 입학 준비를 하게 된 것인지는 알 수 없다. 하지만 지난번의 귀한 경험을 통해 이전과 같은 실수는 반복하지 않았으리라 믿는다.

창의성을 키우기 위해서는 분명히 어느 분야에서 숙달된, 우수한 기초 능력이 있어야 한다. 대개 아이들은 저마다 다른 분야에서 이런 것을 가지고 있게 마련인데 이것을 잘 찾아내고 밀어주는 것이 부모의 중요한 역할이다. 영재 판별 검사나 창의력 테스트에 매달리기보다는 엄마의 눈에 보이는, 아이의 얼굴에 비치는 그런 '빛'을 찾아가는 것이 더 정확하다. 창의성은 가능성을 지켜주는 환경에서 무럭무럭 자라난다.

창의성을 키우기 위해 필요한 것

어떻게 하면 창의성을 키울 수 있을까? 가정에서 부모가 해줄 수 있는 것들에는 어떤 것이 있을까?

먼저 창의성이란 구체적으로 무엇인지 아는 것이 필요하다. 창의성은 유창성, 민감성, 정교성, 독창성, 융통성, 상상력의 모습을 가진다.

　예를 들어, 창의적인 작곡을 하는 사람을 생각해보자. 우선 작곡을 하려면 악보를 읽고 쓸 줄 알아야 하고, 적어도 한 가지 악기, 이를테면 피아노 연주처럼 한 가지 악기는 능숙하게 다룰 수 있어야 한다. 그리고 자기 스스로 새로운 연주를 하려는 자발성이 있어야 할 것이다. 즉, 창의성의 출발점은 어느 한 부분에 유창함이 있어야 한다는 것이다. 어떤 일을 하는 데 있어 익숙한 것을 넘어 자신만의 스타일로 바꿀 수 있고, 막힘이 없어야 한다.

　또한 창의적인 사람은 남들은 평범하게 지나치는 것에서도 무언가를 포착하는 민감성과 상상력을 지니고 있다. 이것을 흔히 '영감'이라고 한다. 아무래도 호기심이 많은 사람들이 유리하다. 또 이런 순간적인 느낌을 구체적인 악상으로 만들어내는 집중력과 실천력, 정교함이 필요하다. 이러한 악상이 기존의 것과 다르려면 낡은 틀에 얽매이지 않는 독창성과 생각을 자유롭게 전환하는 융통성이 필요하다. 아이에게서 이런 창의력의 모습이 보인다면 그 아이는 이미 창의성의 씨앗을 지니고 있는 셈이다.

창의성의 뿌리는 동기다

　창의적인 생각을 움트게 하기 위해서는 아이의 내적 동기가 가장 중요하다. 그리고 아이의 마음이 밝고 편안해야 이러한 동기가 생길 수 있다. 경쟁적이고 평가 당하는 환경에서는 창의성이 싹트기 어렵다. 남들보다 앞서야 하는 압박, 빠른 시간 내에 정확하게 해내야 하는 부담 속에서 새로운 시도나 독창적인 발상은 자연스럽게 사라진다. 시험에 나오지 않는 것들을 이런 상황에서 어찌 궁금해하고 궁리하겠는가? 요즘의 입시 상황을 보면 창의성을 기르기가 쉽지 않다는 걸 절감하게 된다.

실제로 어렸을 때는 창의적이었던 아이들이 학년이 올라가면서 그런 면이 점점 사라지는 경우를 쉽게 볼 수 있다. 하지만 아무리 창의성이 뛰어나더라도 성적이 낮으면 사회가 기회를 주지 않으니 안타까운 일이다.

자유롭고 안전한 분위기에서 자란다

비록 현실적 제약이 많더라도 부모가 가정에서 해줄 수 있는 일은 분명히 있다. 아이가 창의적으로 성장하기 위해서는 가정의 자유롭고 안전한 분위기가 무엇보다 중요하다. 서로 존중하는 대등한 가족 분위기와 격렬하게 화를 내지 않는 평화로운 환경은 아이의 자발성과 독립성을 지켜준다. 아이가 심리적으로 상처를 입을수록 자발성과 독립성, 독창적으로 무엇인가 하려는 시도(이것은 보상받지 못할 위험이 있는 선택이다)를 하지 않기 때문이다.

아이가 독립적으로 행동하고, 때로는 부모의 생각과 다른 선택을 할 때 이를 지켜보고 지지해주는 것도 매우 중요하다. 부모 입장에서는 아이가 다른 아이들과 다르게 자라는 것이 불안해지게 마련이고, 부모의 생각과 다른 선택을 하는 것이 우려스러울 수 있다. 그러나 이런 불안을 어느 정도 감내하면서 가까이서 지켜볼 수 있는 부모가 아이를 창의적으로 키울 수 있다. 말로는 쉬워 보여도 이를 실천하기란 사실 아주 어려운 일이다. 그래서 많은 부모들이 불안해지는 대신 창의성을 포기하고 '순응적인 수능 전문가'를 키우는 길을 택한다. 그러나 대학이 끝이 아니다. 이후 아이들이 접하는 사회는 공식만 외우는 기계보다는 창의적인 인재를 선택한다. 과연 기회의 문을 통과하기 위해 창의성을 포기하는 것이 옳은 일일까? 고민해볼 일이다.

창의성을 키워주는 여러 가지 활동

아이의 창의력은 특별한 교육 프로그램이나 값비싼 교재보다도, 일상 속에서 부모와 함께하는 활동을 통해 훨씬 더 단단하게 자라난다 집은 아이가 가장 편안하게 상상력을 펼칠 수 있는 공간이기 때문이다. 아이의 창의성을 키우기 위해 가정에서 실천할 수 있는 활동들을 알아보자.

독서는 창의력의 밑거름

독서는 공부에도 도움이 되고, 인성 발달에도 도움이 되고, 정서 함양에도 도움이 되는 명약이다. 게다가 독서는 아이들의 창의력을 발달시키는 데에도 도움이 된다. 아이는 책을 통해 자신이 한 번도 경험하지 못한 세계와 만나고, 상상하고, 질문하게 된다.

책을 고를 때 학습 목적에만 초점을 맞추기보다 아이의 시각을 넓혀줄 수 있는 책을 선택해보자. '초등학교 필수 동시집' 같은 타이틀을 단 책들은 물론 학습에 도움이 될 것이다. 그런데 방향을 약간 틀어 남과 다른 독특한 시각을 키워주고 싶다면 또래 아이들의 생각이 담긴 동시집을 함께 읽어보는 것도 창의력을 기르는 데 효과적이다. 아이들이 생각하고 지은 시들을 읽다 보면 어른들이 생각하지 못했던 기발한 상황들이 많이 나온다. 집에서 부모와 함께 시를 읽고, 비슷한 주제로 다른 시를 지어보는 활동은 언어 표현력을 넓히고 생각의 경계를 확장하는 데 도움이 된다.

동화책도 좋은 선택이다. 동화책을 읽고 난 후 줄거리만 따라가기보다는 "만약 내가 주인공이라면 그 상황에서 어떤 행동을 했을까?", "이 상황을 다른 방식으로 풀어보면 어떨까?"와 같은 질문을 아이에게 던져본다. 아이는 자신만의 이야기 만들며 새로운 이야기 속에서 자연스럽게 상상력을 키우고, 창의력 발달에 박차를 가할 수 있을 것이다.

아이의 아이디어로, 즐거운 만들기 시간

창의력은 손으로 무언가를 만들고, 생각을 눈앞에 실체로 구현하는 과정에서 빠르게 성장한다. 미술에 재능이 없더라도 상관없다. 부모와 함께 간단한 만들기를 해보자고 하면 무척 즐거워할 것이다. 대신 만들기를 할 때는 어른의 아이디어가 아닌 아이의 아이디어를 활용하는 것이 좋다. 중요한 건 결과물이 아니라 아이의 아이디어가 중심이 되는 경험이다.

예를 들어 우유 상자를 재료로 만들기를 해본다고 하자. 이때 부모가 주도적으로 "이걸 만들어보자"라고 하기보다 아이가 스스로 무엇을 만들지 정하도록 한다. 만약 아이가 아이디어를 내는 걸 어려워한다면 부모가 "무엇을 만들고 싶어?", "이걸 어떻게 세워볼까?", "필요한 도구는 뭐가 있을까?"처럼 브레인스토밍 과정을 통해 아이의 생각을 끌어내준다.

아이의 아이디어대로 어른들이 옆에서 따라주면서 만들기를 마치고 나면, 아이는 스스로 무엇인가를 해내고 어른들을 이끌었다는 자부심에 다음에는 또 다른 것을 시도해보려고 할 것이다. 그러다 보면 집에 있는 다른 재료들을 활용해서 어떤 것을 만들 수 있을지 고민하고 새로운 시도로 이어진다. 자연스럽게 창의적 문제 해결 능력과 자율성이 자라난다.

여행도 창의력 수업

아이가 고학년이 되면서 만들기나 단순 활동들에 흥미를 잃을 수도 있다. 이때는 가벼운 가족여행을 떠나는 것도 도움이 된다. 대신 이때도 가족여행 계획 자체를 아이에게 맡겨보는 것은 어떨까? 부모님이 자신을 믿고 있다는 것에 책임감도 느끼면서 "어디로 갈까?", "어떻게 이동하면 좋을까?", "무엇을 하면 재미있을까?" 고민하면서 아이는 스스로 계획을 세우고 여러 선택을 하게 된다. 머릿속으로 목적지를 상상하고 동선을 계획하는 과정 자체가 하나의 창의적 탐험이다. 부모가 아이의 선택을 존중해줄수록 아이는 자신의 생각이 의미 있고 영향력을 지닌다는 것을 배운다. 이런 경험이 반복될수록 아이의 창의성은 튼튼하게 자란다.

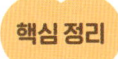 

1. 창의적인 아이가 학업 성취도도 높다.

단순히 책상에 오래 앉아 있는 아이보다 새로운 시각과 발상으로 생각할 줄 아는 아이가 장기적으로 학업 성취도도 높다. 종종 '창의력=영재성'으로 착각하는데, 이는 잘못된 인식이다. 창의력은 영재성과 다른 능력이며 누구나 후천적으로 개발할 수 있는 보편적 역량이다.

2. 창의력은 무(無)에서 생기는 능력이 아니라 지식 위에 쌓인다.

블룸의 인지 체계에 따르면, 창의성은 '기억-이해-적용-분석-평가' 단계 이후에 발현된다. 충분한 지식과 사고력이 있어야 창의력으로 확장될 수 있다. 창의성은 복합적 뇌 활동의 결과다.

3. 가정은 창의력을 키우는 첫 번째 공간이다.

창의성은 경쟁하고 평가하는 환경에서 쉽게 위축되므로, 아이에게 가정이 자유로운 실험 공간이 될 수 있어야 한다. 통제와 억압이 강한 가정은 창의력을 가장 먼저 꺾는 공간이 되기도 한다. 창의성은 정답 훈련이 아니라 자유롭게 상상하고 실험할 수 있는 환경에서 자란다.

4. 창의성의 6가지 특징

유창성(능숙함), 민감성(관찰력), 정교성(집중력), 독창성(새로움), 융통성(사고 전환), 상상력(확장력)은 창의성이 있는 아이가 보여주는 6가지 특징이다. 이 요소들이 다양히게 발현되는 환경을 제공할수록 아이의 창의력은 단단해진다.

5. 창의성의 뿌리는 '내적 동기'다.

아이 스스로 궁금해하고 시도할 수 있는 심리적 여유와 자발성이 핵심이다. 어릴 땐 창의적이던 아이가 학년이 오를수록 평범해지는 이유도 바로 이 내적 동기가 사라지기 때문이다.

6. 창의력을 키우기 위해 도움이 되는 활동들

- **독서**: 동시집이나 동화책 등 감수성과 상상력을 자극하는 책을 고르고, "만약 내가 주인공이라면?" 같은 질문을 던져본다.
- **만들기**: 아이의 아이디어 중심으로 재료를 활용해 구현해본다. 결과보다 과정에 초점을 맞춘다.
- **여행**: 가족여행의 일정·계획을 아이에게 맡겨 자율성과 상상력을 자극해본다.

3장

공부 뇌를 위해 부모가 새겨야 할 것

앞서가는 공부가
아이를 뒤로 물러서게 한다

선행 학습이 아이를 망친다

요즘 학부모들 사이에서 '7세 고시'라는 말이 심심치 않게 들린다. 사고력 평가나 영어 면접 같은 테스트로 아이의 실력을 미리 확인하고, 초등 입학 준비가 되었는지를 판단하려는 움직임이다. 영어 발음이 얼마나 정확한지, 간단한 수 개념 문제를 얼마나 빨리 풀어내는지를 시험처럼 보기도 한다. 말은 '확인'이라고 하지만, 실상은 아이들의 점수를 매기고 줄을 세우는 과정이 되어버리곤 한다.

하지만 아직 일곱 살인 아이에게 누가 더 많이 아는지, 누가 더 빨리 맞히는지를 묻는 건 그다지 좋은 시작이 아니다. 아이마다 뇌가 자라는 속도는 다르고, 생각을 정리하는 방식도 제각각이다. 어떤 아이는 말을 먼저 배우고, 어떤 아이는 그림으로 세상을 이해한다. 어떤 아이는 감각과 움직임을 통해 배우는 데 강점을 지닌다. 이런 차이를 인정하지 않고 하나의 기준으로 평가하면 아직 꽃 피울 준비가 되지 않은 아이들에게 '나는 잘 못하는 사람이야'라는 부정적인 느낌만 심어주게 된다.

초등학교에 들어가서도 비슷한 일이 반복된다. 요즘은 초등학생 5학년이 『수학의 정석』 같은 고등학생용 참고서를 푸는 경우도 드물지 않다. 이 책은 본래 고등학생이 수능 수학을 준비하려고 보는 교재다. 그런데 초등학생이 이런 문제를 푼다는 건 개념을 이해해서 푼다기보다는 문제 푸는 '요령'을 외워서 따라가는 경우가 많다는 뜻이다. 겉보기엔 똑똑해 보일 수 있지만 머릿속에서는 스스로 생각하는 게 아닌 '정답으로 가는 길'만 반복되고 있을지 모른다.

이런 문제는 수학을 가르치는 과정에서도 확연하게 나타난다. 수학에서 처음엔 '1, 2, 3…'처럼 얼마나 있는가를 말하는 '기수'를 배우는 것부터 시작한다. 예를 들어 사과가 두 개 있으면 "사과가 2개야"라고 알려주는 식이다. 그다음엔 '첫째, 둘째, 셋째…'처럼 순서를 나타내는 '서수' 개념도 배우게 된다. 기수와 서수 모두 똑같이 숫자를 말하는 것 같아 보여도 사실은 전혀 다른 사고 과정이 필요하다.

기수는 '양', 즉 몇 개가 있느냐를 말하고, 서수는 '순서', 즉 어떤 자리에 있는지를 말한다. 예를 들어 "사탕이 두 개 있어"는 기수고, "나는 두 번째야"는 서수다. '2'라는 숫자는 같지만, 전자는 수량, 후자는 위치를 나타내는 것이다. 이 차이를 제대로 이해하려면 숫자를 많이 외우는 것만으로는 안 된다. 친구들과 놀이를 하며 줄을 서 보고, 자신의 순서를 기다려보는 몸의 경험과 상황 속에서의 이해가 꼭 필요하다.

이런 시간이 없이 너무 이른 나이에 개념만 주입받으면, 아이는 숫자를 그냥 '암기'로만 이해하게 된다. 그렇게 자란 아이는 중학교나 고등학교에 가서 수학을 진짜로 이해하고 응용해야 할 때 어려움에 부딪힌다. 왜 그런지는 모르고, 어떻게 푸는지만 배워왔기 때문이다.

==아이의 뇌는 단계별로 의미를 쌓아가는 구조를 가지고 있다. 마치 계단처럼, 어느 정도 시간이 지나고 준비가 되었을 때에야 다음 단계로 올라설 수 있다.== 그런데 이 시간을 기다려주지 않고 한 계단을 건너뛰려 하면, 결국 아이에게는 자신이 그 높이를 따라가지 못한다는 불안만 쌓이게 된다.

그래서 지금 아이에게 더 필요한 학습 전략은 '더 빨리', '더 많이'가 아니라, '더 깊이, 더 의미 있게' 배우게 하는 것이다. 수학은 정답을 맞히는 기술이 아니라 세상을 관찰하고 이해하는 눈을 키우는 언어다. 그 언어를 익히는 데에는 시간도 필요하고 경험도 필요하다. 아이의 뇌가 그런 과정을 따라가며 충분히 발달할 수 있도록 조금은 느리게, 하지만 단단하게 도와주는 것. 그것이 진짜로 '똑똑한 공부'의 시작이다.

선행보다 중요한 건 문장을 읽는 힘

요즘 학부모들과 아이들이 수학을 어려워하는 이유로 자주 꼽는 것이 '문장제 문제'다. 계산은 할 수 있는데 문제가 길어서 무슨 말인지 잘 모르겠다는 이야기도 자주 듣는다. 문제를 여러 번 읽어도 머릿속에 잘 그려지지 않거나, 어떤 식을 세워야 할지 감이 안 온다는 경우도 많다. 왜 이런 일이 일어날까?

문장제 문제는 단순히 숫자만 있는 계산 문제가 아니라 현실의 상황을 읽고 수학적인 관계를 찾아내는 문제다. 예를 들어 "사과가 3개씩 담긴 바구니가 4개 있어요. 사과는 모두 몇 개인 가요?"처럼 아주 단순한 문제도 있지만, 학년이 올라갈수록 정보가 많아지고 조건이 복잡해지면서 사고 과정이 어려워진다.

예를 들어 이런 문제를 생각해보자.

"의현이는 오전에 책을 5권 읽었고, 오후에는 오전보다 2권을 더 읽었습니다. 오늘 의현이가 읽은 책은 모두 몇 권인가요?"

이 문제는 겉으로 보기엔 간단해 보여도 사실은 여러 단계를 거쳐야 한다. 먼저 '오후에는 오전보다 2권 더 읽었다'는 걸 보고 덧셈 식을 만들 수 있어야 하고, 그다음 오전과 오후를 더해서 전체를 구하는 문제라는 걸 파악해야 한다.

이와 같은 문장제 문제를 잘 풀기 위해서는 크게 세 가지 역량이 필요하다.

==첫째, 문장을 정확하게 읽고 이해하는 능력이다.== 수학 문제지만 사실 문장제는 '읽기 능력'이 아주 중요하게 작용한다. 글을 읽을 때 누가 무엇을 했는지, 무엇을 묻는지 파악해야 하며, 같은 숫자라도 '~보다 많다', '차이가 난다', '합쳐서'처럼 표현에 따라 식이 완전히 달라진다.

==둘째, 정보를 정리하고 상황을 그릴 수 있는 능력이다.== 문제 속 정보를 머릿속으로만 정리하려고 하면 헷갈리기 쉽다. 표를 그리거나 간단한 그림을 그려보면 훨씬 이해가 잘 된다.

예를 들어, "슈퍼에 과자가 23개 있었는데, 오전에 17개를 팔고 오후에 6개를 다시 입고했습니다. 지금 슈퍼에 과자는 몇 개가 남아 있나요?"라는 문제를 읽고, '오전에는 23개 중 17개를 팔았다', '오후에는 6개가 새로 들어왔다'는 식으로 상황을 나눠서 생각해야 한다. 그냥 대충 읽고 '23 − 17 − 6'이라고 식을 세우면 오답이 나온다. 이런 문제는 그림이나 수직선, 상황별 요약을 해보는 게 큰 도움이 된다.

==셋째, 수학적 모델링 능력이다.== 말이 어렵게 느껴질 수 있지

만, 간단히 말하면 상황을 수식으로 바꾸는 능력이다. 어떤 문제가 '2배', '3분의 1', '차이가 5'처럼 주어졌다면, 그걸 어떻게 식으로 표현할지를 스스로 생각할 수 있어야 한다. 그 과정에서 미지수를 쓰는 방정식 문제도 만나게 되고, 식을 세우는 데 필요한 논리가 점점 복잡해진다.

이와 같은 역량을 키우기 위해서는 연습이 필요하다. 하지만 무조건 문제만 많이 푼다고 해결되는 건 아니다. 오히려 한 문제를 깊이 있게 천천히 분석해보는 연습이 더 효과적이다. 문제를 푼 후에 어떤 정보가 주어졌는지, 어떤 식을 세웠는지, 다른 방법은 없었는지를 다시 되짚어보는 습관이 중요하다.

또 하나, 말로 설명해보는 것도 좋은 연습이 된다. 친구에게 "이 문제는 이렇게 생각했어"라고 설명하는 과정에서 자신이 문제를 진짜로 이해했는지 확인할 수 있다. 설명하다 보면 놓친 부분이나 헷갈렸던 부분도 드러난다. 혼자 공부할 때는 스스로에게 설명하는 '혼잣말 공부'도 효과적이다.

문장제 문제 풀이는 그 안에 숨어 있는 '의미의 층'을 파악하는 과정이다. 문장이 하나뿐인 문제보다 여러 문장이 이어져 상황이 조금씩 바뀌고 조건이 쌓이는 문제일수록 더 많은 사고를 필요로 한다. 그렇기에 ==수학으로 고민이 많다면, 단순히 빨리, 많이 문제를 푸는 것보다 먼저 언어를 정확하게 이해하고 논리적으로 따져보는 힘을 길러야 한다.== 또한 출제자가 어떤 의도로 문제를 만들었는지, 또 그 문제 안에 어떤 개념이 숨어 있는지를 이해해야 한다. 이는 '많은 개념을 아는가'를 넘어서 상대방의 의도를 추론할 수 있는 능력, 즉 타인의 관점에서 문장을 해석하는 능력이 있어야 가능한 일이다.

4학년 수학의 벽, 어떻게 넘을까

초등학교 저학년 아이들을 상담하다 보면 "우리 애는 계산은 잘하는데 문장제 풀이는 못해요"라는 이야기를 자주 듣는다. 이 말은 언뜻 단순한 것처럼 들리지만, 이 안에는 언어를 어떻게 처리하느냐에 따라 수학 성취도도 달라진다는 중요한 사실이 숨어 있다.

수학이라는 과목은 실제로 뇌 전체를 사용하는 과목이다. 그런데 수학이 발목을 잡을까 우려되는 마음에 어릴 때부터 아이에게 수학만 집중적으로 공부시키고, 그 외 다른 언어 활동이나 음악, 미술 경험을 줄이게 되면 오히려 수학에 필요한 기반을 약하게 만드는 결과를 낳게 된다. 아이가 단어는 알지만 문장을 이해하지 못하고, 개념을 파악하지 못하게 되는 것이다.

이 차이를 잘 보여주는 문제가 있다.

"정삼각형은 이등변삼각형이라고 할 수 있는가?"

정답은 '그렇다'이다. 왜냐하면 정삼각형은 세 변의 길이가 모두 같은 삼각형이기 때문에 '두 변의 길이가 같아야 한다'는 이등변삼각형의 조건을 만족하기 때문이다. 그런데 이 문제는 도형을 눈으로만 봐서는 쉽게 풀 수 없다. 두 도형을 나란히 놓고 보면 정삼각형과 이등변삼각형은 서로 다르게 보인다. 이 문제를 풀기 위해서는 도형의 정의에 대해 바르게 이해하고, 조건 간의 관계를 언어적으로 분석할 줄 알아야 한다.

수학이 갑자기 어렵게 느껴지는 시점은 대개 초등 4학년 무렵부터다. 4학년이 되면 수학은 더 이상 눈에 보이는 것만으로 해결되지 않으며, 추상적인 개념이 본격적으로 등장한다.

예를 들어, '큰 수' 단원에서 조, 경 같은 단위가 등장한다. '1조 원'이 실제로 어느 정도의 양인지, '1경'이 얼마나 더 큰지 눈으로 직접 확인할 수도, 만져볼 수도 없다. 이때 필요한 건 추상적 사고력이다. ==그러나 보이지 않는 것을 머릿속에서 상상하고 비교하고, 그 개념을 납득하는 능력은 하루아침에 생기지 않는다. 꾸준한 언어 경험, 다양한 개념과의 만남, 자기 생각을 정리해보는 연습이 누적되어야 서서히 자라난다.== 그런데 이 과정을 무시하고 너무 빠른 선행 학습만 시키면, 표면적으로는 문제를 푸는 것처럼 보여도 실제로는 내용의 깊이나 의미를 제대로 이해하지 못한 채 흉내만 내고 있을 수 있다. 문제를 외워서 풀 수는 있겠지만 수학적 사고는 자라지 않는다. 이런 아이들은 오히려 자신이 다 안다고 착각하게 되어 스스로 질문하지도, 생각을 확장하지도 않게 된다.

<u>수학을 잘하려면 언어적 이해력이 함께 자라야 한다.</u> 문제의 조건을 해석하고, 수학적 개념을 설명할 수 있고, 설명을 듣고 피드백할 수 있는 능력은 모두 언어를 바탕으로 한다. 언어 능력은 단지 교과서와 문제만 반복해서 본다고 늘지 않는다. 이 시기 아이에게 다양한 책을 읽고, 자기 생각을 써보고, 다른 사람의 이야기를 들어보는 경험이 필수적이다. 이런 경험이 쌓여야 비로소 추상적인 개념을 진짜로 자기 것으로 만들 수 있다.

그래서 초등학생 때 수학에만 매달리는 방식은 위험하다. 학습지로 연산을 반복하고, 개념이 충분히 자라기 전부터 중학교 수학을 선행하고, 고학년이 되면 숙제와 학원 과제에 밀려 잠까지 줄이게 되는 생활은 결국 언어력과 사고력을 약하게 만든다. 수학만 강조하다가 오히려 다른 과목의 학습 능력도 함께 무너질 수 있다.

초등 4학년이 수학 문제만 계속 푸는 건 미래를 위한 준비가 아니라 미래의 더 큰 가능성을 가로막는 길이 될 수 있다. 반대로, 이 시기에 아이가 책을 읽고, 자신의 생각을 말하고, 다양한 활동 속에서 느끼고 연결하는 경험을 충분히 한다면, 그건 수학뿐 아니라 어떤 과목에서도 강한 아이가 되는 바탕이 될 것이다.

중요한 건 속도가 아니라 균형이다

장 피아제의 인지 발달 이론에 따르면, 아이의 사고 능력은 나이와 경험에 따라 여러 단계를 거쳐 질적으로 변화한다. 이 변화는 단순히 '배운 양이 많아지는 것'이 아니라 사고의 구조 자체가 바뀌고 복잡해지는 것이다.

이 맥락에서 '선행 학습'이 의미하는 것은 아이가 아직 인지 발달 단계상 준비가 완전히 되지 않은 상태에서 그보다 높은 수준의 수학 혹은 개념을 먼저 배우게 하는 것이다. 피아제는 아이가 '구체적 조작' 단계에 도달하기 전에는 추상성이나 논리적 보존 개념(conservation), 가역성(reversibility), 분류(classification), 서수(ordinality)와 같은 개념을 온전히 이해하기 어렵다고 보았다.

선행 학습은 일시적으로 긍정적인 효과를 내는 것처럼 보일지 몰라도 장기적으로는 아이의 발달 흐름을 어지럽히고 학습 기반을 약화시키는 위험이 함께 존재한다.

첫째, 선행 학습은 표면적 이해에 머무르게 만들기 쉽다. 준비가 덜 된 상태에서 개념을 먼저 배우면, 개념의 본질적 구조나 조건을 충분히 이해하지 못한 채 문제 풀이 요령만 익히게 된다. 이것은 문제를 외워서 풀고 넘어가는 학습 태도를 강화하며, 나중에 더 복잡한 응용 문제나 개념 변화(예: 식, 증명, 논리적 추론)에 부딪혔을 때 약점이 된다.

둘째, 아이의 인지 발달 단계 흐름에 불균형이 생길 수 있다. 피아제는 수 개념, 보존 개념, 가역성, 분류 등의 인지 구조가 발달 단계에 따라 자연스럽게 발달한다고 본다. 그러나 선행 학습은 이 자연스러운 발달 흐름을 건너뛰거나 압박할 위험이 있다. 예컨대 너무 이른 시기부터 복잡한 도형의 정의나 추상적인 개념을 주입하면 아이는 '보이는 것' 중심 사고에서 벗어나 추상적 관계를 이해하는 데 혼란을 겪을 수 있다.

셋째, 자기 효능감 및 동기를 형성하는 데 방해가 된다. 선행 학습으로 잘했다고 칭찬을 받고 우수한 결과를 내는 경험이 초기에는 긍정적일 수 있다. 하지만 나중에 비슷한 난이도의 새롭고 복잡한 과제에 직면했을 때, '이번에도 잘 해야 하는데'라는 불안이 생길 수 있다. 또한 이때 실패 경험이 반복되면 '나는 공부를 못해'라는 낙인이 생겨 학습 동기가 떨어질 가능성도 있다.

넷째, 다른 영역의 학습 능력이 약해질 수 있다. 수학·연산 중심, 문제 풀이 중심의 선행 학습만 강조하면 언어적 이해력, 독해력, 표현력의 성장이 소홀해질 수 있다. 피아제 이론에서도 언어와 사고는 상호작용하며, 언어 능력이 사고를 구성하는 뼈대로 작용한다고 본다. 약한 언어 기반은 결국 사고력 전체를 약화시킬 수 있다.

선행 학습의 위험을 줄이는 방법

선행 학습이 무조건 나쁘기만 한 것은 아니다. 문제는 언제, 어떤 방식으로, 어느 정도까지 이루어지는가다. 피아제의 인지 발달 이론에 따르면, 아이가 구체 조작 단계(약 7~11세경)에 들어서야 논리적 보존, 가역성, 분류 등의 개념을 안정적으로 이해할 수 있다. 이 시기 이전에 추상적 개념이나 고난이도 내용을 반복적으로 주입하는 선행은 발달상의 왜곡을 유발할 가능성이 크다.

한국에서도 선행 학습의 실태와 영향에 대해 조사한 연구들이 있다. 창원 지역 고등학생 186명을 대상으로 과학 선행 학습의 실태와 그 효과를 조사한 연구에서는 학생의 약 39.8퍼센트가 과학 분야에서 선행 학습 경험이 있다고 응답했는데, 그중 선행 학습을 시작한 학생의 과학 성취도에서 71.4퍼센트가 긍정적 향상을 보였다는 결과가 나왔다. 그러나 이 연구는 단기적인 성취 효과만 다루고 있을 뿐 인지 발달의 질적 성장이나 언어 능력, 추론력, 사고력의 전체적인 균형에 대해서는 깊이 다루고 있지 않다.

또 '학교 교육 내 선행 학습 유발 요인 분석 및 해소 방안 연구'라는 한국교육개발원 연구 보고서에서는, 학부모의 기대, 또래 경쟁, 사교육 시장의 유인 등 여러 요소가 선행 학습을 유발하고 있다고 지적했다. 이로 인해 학생들은 시간적·심리적 부담이 커지고, 학습 만족도가 떨어지는 현상을 보인다고 보고했다. 실제로 과도한 선행 학습으로 학습 의욕이 떨어지고 학교 수업이 지루하다는 사례가 적지 않다. 가정의 경제적 부담이 커지고 학습 효과가 낮아지는 현상이 나타난다는 기사도 최근에 나왔고, 많은 학부모들이 실제로 그런 경험을 한다고 응답했다는 조사 결과가 있다.

또 하나 흥미로운 연구가 있다. 초등학교 영재 학생과 일반 학생을 비교한 '초등 영재와 일반 학생의 인지 발달 및 논리적 사고력 형성 수준 비교' 연구에서는 영재 학생이 논리적 사고력 또는 수리적 사고력은 확실히 일반 학생보다 높지만, 언어 이해력이나 표현력 같은 부분에서는 큰 차이가 없는 경우가 많았다. 이 말은, 단순한 선행이나 영재 프로그램만으로는 모든 인지 영역이 골고루 발달하는 것이 아니라는 뜻이다. 특정 영역에 치우치면 균형이 맞지 않을 수 있다.

==선행 학습을 무조건 금기시할 필요는 없다. 하지만 아이의 발달 '때'를 고려하지 않은 빠른 속도 경쟁은 결국 득보다 실이 많다. 중요한 건 속도가 아니라 방향이다. 선행을 하더라도 아이의 발달 단계에 맞는 내용과 깊이, 그리고 다른 영역의 성장과 균형을 함께 고려해야 한다.==

아이의 잠재력을 어떻게 발견하고 열어줄까

아이의 뇌가 지닌 잠재력과 재능을 제대로 발견하고 키워주기 위해 부모는 아이를 세심하게 관찰하고 적절히 지원하려는 노력을 아끼지 말아야 한다. 아이의 뇌는 놀라운 가소성을 가지고 있어 적절한 자극과 환경이 주어질 때 가장 이상적인 발달이 이루어진다. 따라서 부모는 아이의 잠재력이 자연스럽게 피어날 수 있도록 환경을 만들어주어야 한다.

아이의 뇌 발달과 재능 계발을 위해서는 다음 세 가지 요소가 필요하다.

첫째, 안전하고 지지적인 환경이다. 아이는 심리적으로 안정감을 느낄 때 가장 크게 성장한다. 실수를 두려워하지 않고 도전할 수 있는 환경 속에서 아이의 뇌는 새로운 연결을 만들어내며 발달한다.

둘째, 다양한 경험과 자극이다. 특히 뇌 발달의 결정적 시기에 적절한 자극을 받는 것이 매우 중요하다. 책과 영화, 음악, 다양한 신체 활동 등 다양한 경험을 통해 뇌의 여러 부분에 풍부한 자극을 제공해준다.

셋째, 일관된 격려와 적절한 피드백이다. 결과 중심의 칭찬은 오히려 성장을 방해할 수 있다. 과정에 초점을 맞춘 칭찬과 건설적인 피드백은 아이의 성장 마인드셋 형성에 결정적이다.

이를 실질적으로 구현해주기 위해서는 부모가 아이의 재능과 기술을 정확하게 구분하고 파악할 수 있는 안목을 키워야 한다. '재능'은 아이의 내면에서 자연스럽게 표출되는 성향과 관심사를 통해, '기술'은 체계적인 학습과 훈련 과정에서의 발전을 통해 파악할 수 있다.

이 두 가지를 구분해서 바라보아야 하는 이유는 아이가 성장하는 방향을 설정하는 데 매우 중요하기 때문이다. 재능은 타고난 잠재적 성향과 강점이고, 기술은 학습과 훈련을 통해 습득되는 능력이다. 이 둘을 혼동하면 아이의 진정한 강점을 놓치거나 불필요한 압박을 가할 수 있다.

1. 선행 학습은 아이의 발달 속도를 무시해 표면적 이해에 머무르게 만든다.

개념을 깊이 있게 이해하지 못하고 요령만 익히게 되면, 나중에 응용 문제나 논리적 사고가 필요한 단계에서 벽에 부딪힌다. 특히, 수학의 본질은 '빨리 푸는 것'이 아니라 언어 이해와 사고력이다. 조급한 선행 학습은 불안을 키우고, 자기 효능감과 균형 잡힌 사고 발달을 해친다. 반면 언어 경험, 다양한 활동, 개념 이해가 뿌리가 되면 수학 실력은 자연스럽게 자란다.

2. 아이의 잠재력은 안전한 환경, 다양한 자극, 과정 중심 피드백에서 열린다.

심리적 안정감은 아이의 뇌 발달을 촉진하고, 다양한 경험은 뇌의 여러 부위를 자극한다. 결과보다 과정에 초점을 맞춘 칭찬은 도전과 성장을 가능하게 한다.

3. 재능과 기술을 구분하는 부모가 아이의 강점을 살릴 수 있다.

재능은 타고난 성향이고, 기술은 훈련으로 익히는 능력이다. 이를 혼동하면 아이가 성장하는 방향을 잘못 설정하거나 불필요한 압박을 줄 수 있다.

부모의 권력 남용, 아이는 알고 있다

 부모는 종종 자녀가 입 밖에 내는 소리가 자녀의 진심일 거라고 착각한다. 하지만 가만히 들여다보면 애초부터 아이들이 선택할 수 있는 카드는 '예스(yes)'밖에 없다. 대부분 자녀와 상의를 하여 결정하는 것이 아니라 부모가 모든 결정을 내린 이후에 자녀에게 통보하는 방식으로 교육이 이뤄지므로 자녀는 부모의 뜻에 "예스!"를 꺼낼 수밖에 없다. 즉 자녀가 내놓는 "예스!"라는 답은 애초부터 부모들이 듣고 싶어 한 답안이지, 거기에 자녀의 진심이 담겨 있느냐 그렇지 않느냐는 관심 밖의 문제인 것이다. 여기서부터 부모와 자녀 간 '공부 전쟁'이 시작된다고 해도 과언이 아니다.
 민석이도 그랬다. 민석이는 캐나다로 어학연수를 떠나고 싶

지 않았지만 엄마의 뜻에 따를 수밖에 없었다. 물론 민석이가 '노(no)'라는 카드를 꺼냈어도 결국은 엄마에게 등 떠밀려 떠날 수밖에 없었겠지만 말이다.

"엄마 때문에 공부가 싫어졌어"

초등학교 5학년 민석이는 3학년 때 캐나다로 유학을 가서 1년 동안 공부하고 돌아왔는데, 그 후부터는 공부에 흥미를 잃었다고 했다. 특히 영어 공부는 절대로 하려 들지 않았다. 학원이나 과외는 고사하고 자기가 하고 싶은 과목만 공부했다.

민석이를 만나 보니 말수가 적고 고집도 세 보였다. 게다가 자신에 대해 이렇게 저렇게 물어보는 행동에 대해 간섭이라고 생각하고 있었다. 이때 성급하게 질문만 쏟아붓는 것은 역효과를 일으키기 때문에 나는 질문은 그만두고, 대신 민석이와 함께 퍼즐이나 보드게임을 하거나 때로는 DVD를 보면서 이야기를 나누기 시작했다.

민석이는 애초부터 캐나다에 가기가 싫었다고 한다. 또한 캐나다에 가서는 능숙하지 못한 영어로 놀림을 당하기도 했는데 그 일이 큰 상처로 남아 있었다. 민석이 입장에서는 자신이 가고 싶어서 간 것도 아닌데 거기까지 가서 심하게 마음고생을 했고, 반발심이 커진 상태에서 귀국을 하게 된 것이었다. 그러니 한국에 돌아와서는 자연스럽게 엄마의 말을 듣기가 싫어졌다. 민석이 마음속 깊은 곳에 "엄마 때문에……"라는 원망이 자리하고 있었기 때문이다. 당연히 영어 공부를 중요하게 여기는 엄마의 강요는 점점 더 민석이를 반대로 행동하게 만들었다.

민석이 어머니는 교육열이 높은데다 차근차근 준비하여 실수를 거의 하지 않는 빈틈없는 성격이었다. 따라서 자신의 선택에 더욱 강한 확신을 가지고 있었다. 민석이를 교육시킨 과정만 들어봐도 충분히 알 수 있었다. 민석이 어머니는 자신의 판단에 따라 아이에게 학원이나 학습지를 제시해왔는데, 문제는 민석이가 이런 엄마의 교육 스케줄을 거의 받아들이지 못했다는 점이다. 그렇다고 엄마가 아이의 의견을 묵살하거나 억압한 것만도 아니었다. 오히려 끈기를 갖고 아이와 대화에 임하는 편이었다. 그럼에도 민석이가 마음의 문을 열지 않았다면 엄마의 대화 방식에 문제가 있는 것이었다.

공부는 부모가 아니라 아이가 하는 것이다

우리 부모들은 대개 자녀와 대화를 나눌 때 윽박지르거나 무시하는 말투만 사용하지 않으면 된다고 생각한다. 하지만 아이

==는 부모의 행동 하나하나, 말투 하나하나에 신경을 기울이면서 부모의 의도를 예민하게 읽어낸다.==

민석이는 진지하고 빈틈이라고는 찾아볼 수 없는 엄마의 논리적인 언변에 기가 눌려 있었다. 자신은 도저히 엄마와 대화를 할 수 없다고 느꼈고, 점점 자신의 의견을 표현하기보다는 엄마가 하자는 대로 수동적으로 따르기만 했다. 진심으로 엄마의 말에 순응하기보다는 겉으로만 '엄마의 말만 듣는 아이'가 되어버린 것이다. 그러나 그 내면에는 억눌린 불만이 쌓여가고 있었다.

민석이는 결국 엄마가 원하는 공부를 하지 않는 방식으로 그동안 쌓여 있던 불만을 표출하기 시작했다. 즉 일방통행만 하는 엄마에게 "제 신호도 봐주세요!"라며 SOS를 외치기 시작한 것이다.

나는 어머니에게 민석이가 현재 다니는 학원 중에서 민석이가 원하는 학원만 빼고 모두 그만두라고 조언했다. 그리고 학습 관리자의 역할에서 벗어나 아이의 놀이 친구로서 곁에 있어줄 것을 부탁했다. 뜻밖에도 민석이는 수학 학원만은 그만두지 않겠다고 했다. 이 의견은 흔쾌히 받아들여졌다.

시간이 흐르며 변화가 나타나기 시작했다. 상담에서 민석이는 장래에 하고 싶은 것들에 대해 이야기했다. 처음에 아이는 학원과 과외를 그만두게 된 생활을 즐겼다. 얼굴에는 생기가 돌았고 장난기도 나타나기 시작했다. 나와 유머를 주고받는 일도 조금씩 늘었다. 이렇게 시간을 허비해도 되는지 걱정하는 어머니를 격려하던 어느 날, 민석이가 수학 학원에서 100점을 맞은 시험지를 가지고 왔다. 어머니는 예상치 못한 결과에 기뻐서 아이와 대화를 나누려 했지만, 민석이는 심드렁하게 지나쳐버리더란다. 나는 어머니에게 짧고 강하게 칭찬만 하라고 조언했다.

며칠 후, 민석이가 스스로 과학 학원에 다니고 싶다는 말을 꺼냈다. 민석이는 아주 조금씩 스스로 공부를 하기 시작했다. 학교 숙제도 빠른 시간 안에 해내서 자유 시간을 이용해 만화책을 보는 여유까지 생겼다. 물론 여전히 영어만큼은 공부하지 않으려 했다. 캐나다에서 영어를 못한다고 놀림을 받았던 상처와 민석이가 자존심이 강한 아이라는 점을 감안해 영어는 시간을 두고 더 기다려주기로 했다. 대신 민석이와 꿈을 같이 찾고 이야기 나누며, 그 꿈을 이룰 능력이 자기 안에 있다는 걸 확인시켜주고자 했다.

부모 스타일이 아니라 아이 스타일에 맞추어 공부하는 것은 어머니에게 많은 인내심을 요구하는 일이었다. 워낙 자녀의 교육에 대해서 열성적이었던 어머니는 계획도 별로 없고 진지하게 공부를 하지 않는 듯한 민석이의 태도에 그간 어렵게 길러온 공부 습관을 그르칠까 봐 안절부절못했다.

하지만 시간이 흐르자 민석이의 태도도 점차 바뀌었다. 결국엔 영이 공부도 스스로 시작했다. 영어 책에서 영어 단어, 영어 학원까지 순차적으로 옮겨 간 것이다. 전적으로 아이의 선택이었다. 이때쯤 민석이의 교과목 성적은 대부분 100점 수준에 이르러 있었다. 이는 민석이가 공부에 대한 선택권을 쥐고, 어머니 영향에서 자유롭다고 느낀 상태에서 자기의 꿈을 즐겁게 펼칠 수 있었기 때문에 생긴 변화였다. 이 모든 변화의 바탕에는 아이의 속도를 끈기 있게 기다려주고 믿어준 어머니의 인내심도 있었다.

불안한 마음으로 아이를 채근하면

우리나라는 이상하게도 초등학교만 입학하면 공부가 '일'이 된다. "공부! 공부!" 하지 않는 어머니들도 최소한 받아쓰기만큼은 연습을 시키는 경우가 많다. 아이가 10문제 중에서 4~5개를 틀리면 기가 막혀 하면서 틀린 것을 몇 번씩 반복해서 쓰도록 지도한다. 아이는 큰 소리로 야단을 치거나 서늘하게 변해버린 엄마의 표정을 보고는 주눅이 든다.

초등학교 1학년 때의 받아쓰기란 많은 부모와 자녀 모두가 들어서는 입시 지옥의 첫 번째 관문이다. 말 그대로 자녀는 부모의 일그러진 표정과 높아진 언성을 본격적으로 체감하기 시작하고, 부모는 아이의 공책을 보는 순간 아이의 미래가 암담해지지 않을까 지레 겁을 먹는다. 공부를 놓고 둘 간의 줄다리기 본선이 시작된 것이다. 물론 용감한 아이들은 받아쓰기 연습을 하기 싫다고 적극적으로 의사 표현을 하기도 한다. 하지만 대개 이러한 시도는 초등학교 1학년 때 간단하게 진압된다. 이와 같은 상황에서 하는 쓰기 연습은 아이에게 힘들고 지루한 과업이지 더 이상 즐거운 일이 아니다. 이러한 연유로 어떤 아이들은 쓰는 것을 심각하게 싫어하게 되기도 한다.

비슷한 일이 독서에서도 일어난다. 책을 좋아하는 아이도 있겠지만 책 읽기를 싫어하는 아이도 있고, 자기가 읽고 싶은 책만 읽는 아이도 있다. 학교에 가기 전까지는 큰 문제가 없지만 학교에서 독서장을 써오게 하면서부터는 상황이 달라진다. 아이가 필독 도서를 읽었는지 안 읽었는지, 책은 몇 권을 읽었는지(많이 읽으면 독서왕이 될 수 있으니까) 부모가 확인하고 채근하기 시작하는 것이다. 이 역시 아이들에게 책에 대한 흥미를 떨어뜨리는 이유가 된다.

여기서 강조하고 싶은 건 받아쓰기도 연습시키지 말고 책도 억지로 읽게 하지 말라는 뜻이 아니다. ==내 아이가 지적받는 게 싫어서, 혹은 처음부터 뒤처질까 봐 불안한 마음에 아이를 채근하는 것은 오히려 아이의 지적 발달에 방해가 된다. 조급한 부모의 불안이 소중한 아이의 흥미를 앗아가는 것이다==

기대와 불안이 시험을 망친다

'올백'은 모든 과목의 시험에서 100점을 받는 것을 말한다. 다 맞는 것과 한 문제 틀리는 것은, 하나 틀리는 것과 두 개 틀리는 것의 차이보다 훨씬 크게 받아들여진다. 똑같이 한 문제 차이인데도 말이다. 이유는 완벽함이 주는 기쁨 때문일까? 나조차도 아들에게 은근히 시험에서 '올백'을 받아 오기를 바라던 때가 있었다. 그래도 노골적으로 요구하지 않으려 애썼는데, 만점에 대한 욕심 때문에 오히려 만점이 나오지 않는 것인지도 모른다는 생각에서였다.

9~10월이 되면 상담실에 수험생들의 방문이 부쩍 늘어난다. 수능이 가까워질수록 심리적인 압박과 스트레스가 커지기 때문이다. 이 시기의 학생들에게서 공통적으로 나타나는 현상 중 하나가 바로 실수의 증가다.

예를 들어, 평소 국어 시험에서 60점을 받던 학생이 80점을 받는 건 그리 어렵지 않지만, 꾸준히 90점을 받아오던 학생이 97점을 받기란 전혀 다른 문제다. 그 7점을 올리기 위해 엄청난 노력을 들이지만 시험이 가까워질수록 그마저도 유지하기 힘들어지고, 긴장감 때문에 80점대로 떨어지는 경우도 생긴다. 이 시기에는 점수가 오르지 않을 뿐 아니라, 평소보다 실수로 점수를 더 잃는 일이 잦다.

나는 이런 현상을 '한계 인식의 함정'이라고 부른다. 일정 수준까지는 성적이 오르지만 어느 시점부터는 같은 노력을 해도 눈에 띄는 성장이 잘 나타나지 않고, 오히려 불안과 압박으로 인해 제 실력조차 내기 어려워지는 구간이다. 더 위험한 것은, "여기까지가 내 한계인가 보다"라는 생각이 들기 시작할 때다. 이런 생각은 단순한 자책이 아니라 마음 깊은 곳에서 포기할 이유를 정당화하려는 과정일 수 있다. 더 노력해도 안 될 것 같고, 애써봤자 점수만 더 떨어질까 봐 무섭고, 결국 '지금보다 더 나빠지지 않으면 다행'이라는 식으로 마음을 접게 된다. 이렇게 되면 노력의 강도가 줄고 반복 학습이나 마무리 정리에 집중하지 못하며 실수를 줄일 수 있는 기회조차 놓치게 된다.

아이의 자신감이 무너지면 단순히 학습의 흐름만 끊기는 게 아니라 시험 당일의 심리 상태에도 직접적인 영향을 준다. 이미 한계를 넘었다고 믿고 있는 학생은 시험장에서 실수가 생기면 곧바로 '역시 나는 여기까지구나'라는 자책에 빠지고, 그 한 번의 흔들림이 다음 문제, 다음 과목으로 연쇄적으로 번져 나간다. 마치 브레이크 없는 자전거처럼 멈추고 싶어도 멈추지 못하는 불안 속에 시험을 치르게 되는 것이다.

이런 실수의 증가와 불안의 확산은 단순한 개인의 나약함에 따른 문제가 아니다. 많은 경우 불안감 자체가 실력 발휘를 가로막는다. '잘해야겠다'는 생각은 스스로를 채찍질하여 발전하도록 만드는 힘이 되기도 하지만, 어느 선을 넘어가면 오히려 불안감을 증폭시켜 그 사람이 능력을 발휘하는 데 발목을 잡는 한계를 만들어버린다. 앞서 이야기한 한계 인식의 함정은 결국 불안함을 원동력으로 한 공부의 한계다.

예전에는 이런 현상이 주로 중학교 1학년 즈음 나타났지만, 지금은 초등 3~4학년, 심지어 7세 고시를 준비하는 유치원생에게서도 발견된다. 이미 공부가 '놀이'가 아니라 '성과 경쟁'으로 인식되는 사회적 분위기 때문이다.

실제로 우리나라 초등학교 5학년 학생 560명을 대상으로 한 연구 결과, 사회적 신분 상승에 대한 압박이 크고, 형제간의 경쟁이 심하며, 가족 구성원들 사이가 가깝지 않은 가정의 아이일수록 시험 불안이 높게 나타났다. 또 9~13세 남녀 학생 358명을 대상으로 한 연구에서도 부모가 따뜻하고 지지적인 태도를 보일수록 자녀의 시험 불안이 낮고, 부모가 일관성 없는 태도를 보일수록 시험 불안이 높았다. 시험 불안은 아버지의 교육 수준이 높고 가정의 생활 수준이 높을수록 크게 나타나기도 한다.

요약하면 부모의 자녀에 대한 기대 수준이 높을수록 자녀의 시험 불안은 높아진다. 잦은 힐책과 벌, 자녀의 행동에 대한 심한 통제 등은 불안한 성격을 가져오며, 이러한 불안 특성이 아이에게 시험을 더 위험한 것으로 느끼게 만들 수 있다.

이런 상황에 놓이게 되면 아이들은 크게 두 종류의 반응을 보인다. 하나는 시험에 대해 적극적 회피 및 거부 반응을 보이는 것이고, 둘째는 소극적이지만 지속적 저항을 보이는 것이다. 적극적 회피란 공부하기를 싫어하고 친구들과 놀거나 게임하는 데에 열중하는 등 잘못된 행동을 하는 빈도가 늘어나는 것을 말한다. 소극적 저항이란 아이가 우울해지고 의욕이 떨어지며 공부하는 데에 부담은 느끼지만, 실제로 공부하는 행동은 잘 나타나지 않는 경우를 말한다. 성적은 상위권이긴 한데 그 이상 오르지는 않고 부모의 기대에도 적극적으로 응하지 않으려 드는 상황에 갇히는 것이다.

재능을 발견하려면 과정부터 즐거워야 한다

초등학생들도 올백에 대한 소망과 부담이 있고, 아이들 중에는 올백이 아니면 잘한 게 아니라는 생각을 갖고 있는 친구도 있다. 이렇게 결과를 전부인 것으로 생각하면 아이는 공부에 대해 더욱 불안해지고 긴장하게 될 뿐이다. 그렇기에 부모부터 이러한 생각이 있는지 스스로 돌아보고 바꾸어야 한다. 앞에서 말한 연구 결과에서도 볼 수 있듯이 부모의 기대나 결과지향주의가 아이의 불안을 더욱 부채질하기 때문이다.

부모는 아이가 열심히 하는 과정, 힘든 것을 이겨 나가는 과정이 그 자체로 의미가 크다는 점을 느낄 수 있도록 도와주어야 한다. 실제로 시험 결과가 좋으면 과정상의 노력도 칭찬받는 일이 많은데, 만약 지금 아이가 한계 인식의 함정에 부딪혀 있는 것 같다면 더욱 신경 써서 노력의 과정에 대해 칭찬해주자.

이를 위해서는 학습 목표가 명확하고 구체적이어야 한다. 이때 목표는 아이가 자신의 힘으로 이룰 수 있는 것이어야 한다. 가령 "반에서 몇 등 안에 들겠다"와 같은 목표는 상대평가로 결과가 나오므로 자신의 힘만으로는 어쩔 수 없는 부분이 있다. 또 "시험에서 몇 점을 받겠다"도 출제 난이도라는 변수가 작용한다. 그보다는 이번 시험을 준비하는 기간 동안 하루 몇 시간을 공부하겠다거나, 쉬는 시간을 잘 지키겠다거나, 시험 범위를 몇 번 보겠다거나 하는 등 스스로 통제할 수 있는 내용을 목표로 정하는 것이 좋다. 그리고 결과에 상관없이 목표가 얼마나 잘 지켜졌는지 평가하고 격려하는 것이 중요하다. 한계에 부딪힌 아이들은 절벽 사이에서 외줄을 타고 있는 심정이다. 아이가 아래를 내려다보지 않고 앞을 보며 한 발 한 발 내딛도록 도와주어야 한다.

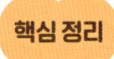 

1. 공부의 주도권은 아이에게 주어야 한다.

부모의 역할은 학습 관리자가 아닌 '관계 파트너'여야 한다. 부모가 화를 내거나 결과에 집착하는 학습 지도는 공부에 대한 아이의 흥미를 꺼뜨리고 시험 불안을 키운다. 결과를 채근하지 말고 노력한 과정을 칭찬해주어야 한다.

2. 부모의 불안이 아이의 공부를 방해한다.

불안함에 아이를 채근하거나 야단치는 태도는 오히려 아이의 자존감과 호기심을 꺾어 학습에 대한 거부감을 갖게 만들 수 있다. 이는 장기적으로 아이의 학습에 부정적인 영향을 준다.

3. 재능을 발견하려면 과정이 즐거워야 한다.

아이의 학업 성취에 대한 기대가 높을수록 아이의 공부 불안과 부담은 높아진다. 아이가 한계로 내몰리지 않도록 격려하고 지지해주어야 한다.

부모의 말이
아이의 뇌를 켠다

어떻게 말해야 아이의 뇌가 커질까

아이와의 일상적인 대화는 단순한 소통을 넘어 뇌 발달과 정서적 성장의 핵심 기회다. 대화에서 가장 중요한 것은 아이의 말에 온전히 집중하고 끝까지 경청하는 자세다. 아이가 어떤 이야기를 하든 진심으로 귀를 기울여주고, 말을 중간에 끊지 않고 들어주는 태도만으로도 아이의 자기표현 능력과 뇌 활성화에 큰 자극이 된다. 특히 주의를 집중해 끝까지 듣는 것은, 마치 아이의 뇌에 정확한 신호를 보내주는 것과 같다. 이런 순간들은 아이의 사고 회로를 정교하게 조율하는 데 기여한다.

부모와의 질 높은 대화 시간은 아이의 언어 발달과 사고력

==향상에 직접적인 영향을 미친다.== 따라서 가정 내에서 효과적인 대화를 위해 아이가 자신의 생각과 감정을 충분히 표현할 수 있는 기회를 제공해주는 것이 좋다. =="그건 어떻게 생각해?"==, =="네 마음은 어땠어?"==처럼 아이의 속마음을 끌어낼 수 있는 질문을 던져주고, 아이가 말할 수 있는 장면을 의도적으로 많이 ==만들어주자.== 이러한 기회는 아이가 자기 생각을 구조화해 표현하는 훈련이 되며, 부모는 그 안에서 아이의 감정과 욕구를 파악할 수 있다.

특히 그림책을 함께 읽으며 대화하는 시간은 아이의 두뇌를 자극하는 데 매우 효과적이다. 이때 책의 내용에 지나치게 집중하거나 평가적인 질문을 던지기보다는 아이의 말에 풍부하고 적절한 리액션을 보여주는 것이 중요하다. "정말?", "와, 그런 생각을 했구나!", "너는 토끼가 왜 졌다고 생각해?"와 같은 반응은 아이로 하여금 계속해서 말을 이어가고 싶게 만든다. 책의 내용을 전달하기보다는 아이가 책 내용을 어떻게 받아들이는지를 묻고, 그 감정과 생각을 표현할 수 있도록 도와주자. 미국 영재학회 자료에 따르면, 부모와의 유대감이 높은 아이일수록 영재가 될 가능성이 높다. 그 이유는 이런 아이들이 자신의 생각과 감정을 자유롭고 명확하게 표현할 줄 알기 때문이다.

책은 대화의 매개체일 뿐이다. 핵심은 그 책을 통해 아이의 마음과 생각이 열리는 것이다. 무리하지 않는 선에서, 짧은 시간이라도 서로 대화하며 읽는 습관을 만들어가는 것이 아이의 뇌 발달에는 훨씬 효과적이다.

다음은 '토끼와 거북이' 우화를 읽은 후 나눌 수 있는 대화의 예시다.

엄마 "토끼가 중간에 낮잠을 잔 건 어떤 선택이었을까?"
아이 "나쁜 선택이에요! 자만했잖아요. 거북이한테 지고 말았어요."
엄마 "거북이는 어떻게 생각했을까? 토끼가 자는 걸 봤을 때?"
아이 "음… 모르겠어요. 화가 났을까요?"
엄마 "그럴 수도 있겠네. 또 어떤 마음이었을까?"
아이 "아마도 더 열심히 가야겠다고 생각했을 것 같아요. 포기하지 않고요!"
엄마 "그렇구나. 네가 거북이라면 어떻게 했을 것 같아?"
아이 "저도 끝까지 가볼래요. 근데 토끼한테 일어나라고 할 것 같아요."

이처럼 ==대화 속에서 아이가 스스로 질문하고 답하는 구조를 만들어주면 자연스럽게 생각하는 아이, 표현하는 아이로 성장할 수 있다.== 부모는 아이가 질문하는 습관을 갖도록 도와주고, 그 과정에서 생기는 실수나 실패를 포용하는 분위기를 만들어주어야 한다. 실수했을 때 다시 해보는 모습을 부모가 직접 보여주는 것도 좋은 방법이다. 종이접기를 예로 들면, 아이가 실패했을 때 부모가 "다시 해보자", "이번에는 엄마랑 같이 해볼까?"라고 제안하는 태도가 아이에겐 '실패해도 괜찮다'는 의미로 받아들여질 수 있다. 이런 경험은 도전과 성장에 대한 긍정적인 감각을 키워줄 수 있다.

또한 아이가 어떤 주제에 흥미를 보일 때 그 관심이 학습으로 연결되도록 다양한 경험을 제공해주는 것도 좋은 방법이다. 만약 아이가 공룡에 푹 빠져 있다면 공룡과 관련된 도서나 체험 공간을 함께 방문하고, 아이가 직접 탐색할 수 있도록 도와주는 것이다. 캠핑이나 박물관, 과학관 등 실생활 속에서 탐험 기회를 마련해주는 것도 공부 뇌 자극에 효과적이다. 책상 앞에서 주입된 지식보다 배운 것을 몸으로 느끼고 오감을 통해 활용하는 경험이 아이의 사고를 더 깊고 넓게 확장시켜준다.

시나 이야기, 음악, 춤, 도예, 요리처럼 다양한 문화 활동을 함께 경험해보는 것도 큰 도움이 된다. 이런 경험은 세상에 다양한 아름다움과 즐거움이 있다는 사실을 자연스럽게 알려주며, 아이의 정서적 회복탄력성을 길러주는 일종의 방부제 역할을 한다. ==아이가 직접 보고 듣고 만들어보며 부모와 함께 감동을 나누는 순간들이 쌓일수록 세상을 바라보는 감각도 풍요로워진다.==

한편, 감정을 잘 조절할 수 있도록 도와주는 대화도 빼놓을 수 없다. "지금 화가 났구나"처럼 아이의 불편한 감정을 언어로 표현해주고, 어떻게 다르게 행동할 수 있을지 함께 생각해보는 과정은 아이가 자기조절력을 키우는 데 도움이 된다. 건강한 생활 습관 역시 마찬가지다. 무엇을 어떻게 할지 부모와 함께 정하고, 그 과정을 지키는 경험을 통해 아이는 자연스럽게 자기관리를 배우게 된다.

마지막으로, 아이가 주변에 도움을 주는 경험을 갖는 것도 뇌 발달에 영향을 준다. 이는 단지 착한 아이가 되는 것을 넘어, 사회성과 자존감을 키우는 중요한 과정이다. 경쟁심이 강하거나 자기중심적인 태도를 보이는 아이에게 특히 효과적이다. 친구의 물건을 정리해주는 일부터 가족을 도와 집안일을 함께하는 경험까지 모두 좋은 배움의 기회가 된다.

공부 이야기, 어떻게 말해야 할까

"공부 이야기를 꺼내기만 하면 애가 표정이 굳어요."
"숙제했냐고 묻는 순간부터 싸우기 시작해요."

상담실을 찾은 부모님들이 입을 모아 하는 말이다. 실제로 많은 부모가 아이에게 공부 이야기를 하는 걸 어려워한다. 아이에게 공부 이야기를 '잘' 건네는 건 생각보다 어렵다. 하지만 말의 방향과 뉘앙스만 조금만 바꿔도 같은 말이 전혀 다른 결과를 만든다. 특히 계속 강조해온 것처럼, 학습과 관련된 대화에서는 결과보다 과정에 초점을 맞추는 것이 무엇보다 중요하다. 실수나 실패를 두려워하지 않고 그것을 배움의 기회로 받아들일 수 있도록 격려하는 것이 핵심이다.

다음은 단원평가 점수가 낮아 속상해하는 아이와 나누는 대화의 예시다.

아이 "엄마… 이번 수학 시험 진짜 못 봤어요……. 친구들은 다 잘 본 것 같은데……."

엄마 "그랬구나. 마음이 많이 무거웠겠다. 얼마나 속상했을까? (잠시 아이를 바라보며) 어떤 부분이 제일 어려웠는지 엄마한테 말해줄 수 있어?"

아이 "분수 더하기요. 푸는 방법이 기억이 안 났어요. 민준이랑 서연이는 100점 맞았대요."

엄마 "아, 그랬구나. 근데 도현아, 친구들이랑 비교하는 것보다 지난번의 도현이랑 지금의 도현이를 한번 생각해보자. 그때 엄마랑 같이 분수 문제 연습을 많이 했잖아. 그래서 이번엔 훨씬 더 쉽게, 더 많은 문제를 푼 거 같은데?"

아이 "맞아요. 지난번엔 거의 못 풀었는데 이번엔 그래도 몇 문제는 바로바로 풀 수 있었어요."

엄마 "그거 봐, 그게 바로 네가 성장한 증거야. 점수만 보면 아쉬울 수 있지만, 사실 도현이는 훨씬 멀리 온 거야. 엄마는 그런 모습이 정말 기특하고 자랑스러워."

아이 "저… 다음에는 더 연습해서 더 많이 맞히고 싶어요."

엄마 "좋아! 그 마음이면 분명 더 잘할 수 있어. 이번에도 잘했지만 다음엔 더 즐겁게 풀 수 있도록 엄마랑 같이 해보자."

이처럼 결과가 아닌 노력과 태도, 전략, 시도 과정에 주목해주는 말은 아이의 뇌에 안전 신호를 보내고, 학습에 대한 동기를 강화해준다.

또한, 공부 이야기에서 자주 나오는 실수와 실패를 있는 그대로 받아들이는 분위기를 조성하는 것도 중요하다. 아이가 실수를 털어놓았을 때 부모가 "그럴 수도 있지. 다음엔 어떻게 해볼 수 있을까?"와 같은 반응을 보이면, 아이는 두려움보다 호기심으로 다음을 상상하게 된다. 부모가 직접 새로운 도전을 하거나 실패를 극복하는 모습을 보여주는 것도 효과적인 교육 방법이 될 수 있다. 예를 들어 종이접기를 하다 포기하지 않고 끝까지 도전하는 모습을 아이와 함께 나누는 것만으로도 아이는 실패를 배움으로 바꾸는 모델을 자연스럽게 따라 하게 된다. 가정 안에서 "실패해도 다시 시작할 수 있다"는 믿음을 심어주는 것이다.

질문하는 아이, 생각하는 아이가 똑똑해진다

아이의 호기심을 꺾지 않고 스스로 질문하고 생각할 수 있도록 돕기 위해서는 평소 부모가 사용하는 말투와 반응이 매우 중요하다. 부모가 무심코 내뱉는 말이 아이의 사고를 움츠러들게 만들기도, 활짝 열리게 만들기도 하기에 세심한 주의가 필요하다.

아이가 궁금한 것을 물었을 때 "그런 건 몰라도 돼"라고 답하면, 아이는 자신이 쓸데없는 질문을 한 것 같아 위축되기 쉽다. 이럴 땐 "그게 궁금했구나. 우리 같이 알아볼까?"처럼 아이의 질문을 인정하고 함께 탐색하는 방향으로 대화를 유도하는 것이 좋다. 아이의 호기심이 한창 샘솟는 시기에 "왜 이렇게 질문이 많니"라고 성가셔하거나 짜증을 내지 않도록 주의해야 한다. 아이는 부모의 태도를 통해 자신을 귀찮은 존재라고 느낄 수 있기 때문이다. 반대로 "좋은 질문이네. 그렇게 생각하게 된 이유는 뭐야?"라고 반응하면, 아이는 자신의 사고가 존중받는다고 느끼고 더욱 깊이 생각할 수 있다.

아이가 다른 생각을 표현했을 때 "그건 틀린 생각이야"라고 단정지어버리면 아이는 더 이상 자신의 생각을 표현하려 하지 않게 된다. 이럴 때는 "다르게 생각해볼 수도 있겠네. 또 어떤 방법이 있을까?"라고 열어주는 편이 훨씬 낫다. 다른 가능성을 열어주면 아이는 다양한 관점에서 생각해보는 힘을 기르게 된다.

　마지막으로, 사고 속도가 느린 아이에게 "너는 왜 이렇게 느리니?"라고 말하는 것은 그 자체로 자존감에 상처를 줄 수 있다. "조금 천천히 생각해도 돼. 괜찮아"라고 다정하게 말해주는 것이 아이의 뇌가 안전하고 여유롭게 작동할 수 있는 환경을 만드는 데 도움이 된다.

　이처럼 부모의 말투 하나를 바꾸는 것만으로도 아이는 신뢰와 자율성을 선물받는다. 똑똑한 아이는 단지 지식을 많이 아는 아이가 아니라 자신의 생각을 믿고 그것을 표현할 수 있는 아이다. 부모의 말이 아이의 뇌를 여는 열쇠가 된다는 사실을 기억하자.

호기심을 지켜주는 부모의 말

　호기심을 존중하는 대화는 질문을 막지 않는 것에서 출발한다. 아이는 "왜?", "어떻게?"라는 질문을 던지면서 세상을 이해하려 한다. 이때 부모가 "몰라도 돼", "그건 나중에 알려줄게"라고 넘기면 아이의 탐구 본능은 금세 사그라든다. 아이가 던지는 질문에 바로 답을 주지 말고 함께 답을 찾아가는 대화를 시도해보자. 예를 들어, 아이가 "왜 비가 와?"라고 묻는다면 "구름이 물을 모았다가 쏟는 거야"라고 설명해주는 것도 좋지만 "왜 그럴 것 같니?", "어떻게 하면 알아볼 수 있을까?"라고 되물어본다. 이와 같은 열린 질문은 아이가 스스로 사고하고 탐구하는 습관을 기르는 데 도움이 된다.

이런 대화는 일상에서뿐만 아니라 다양한 경험 속에서도 이어질 수 있다. 함께 음악회에 가거나, 미술관에서 작품을 보고 감상을 나누는 것, 도예 체험을 해보는 일 등 다양한 문화 활동은 아이의 시야를 넓히고 감수성을 자극하는 좋은 기회가 된다. 클래식 연주를 들으며 "이 곡을 들으니까 어떤 기분이 들어?"라고 묻거나, 미술관에서 "이 그림 속 인물은 무슨 이야기를 하고 있을까?"라고 질문해보자. 아이는 자연스럽게 상상력을 발휘하고 추론하는 힘을 발달시킨다. 이런 경험은 단지 감성 자극에 그치지 않고, 창의적 사고와 문제 해결 능력 발달로 이어진다.

경쟁보다 협력을 경험하게 하는 것도 중요하다. 친구가 숙제를 어려워할 때 "같이 해보자"고 제안하거나, 가족 식사 준비를 함께 하면서 "어떻게 하면 더 편하게 할 수 있을까?" 같은 고민을 나누는 경험이 아이에게 사회성과 타인을 배려하는 사고 습관을 길러준다. 이는 단순한 지적 성장을 넘어 균형 잡힌 인격 발달에 도움이 되며, 장기적으로는 더 깊이 있는 사고와 학습으로 이어질 수 있다.

핵심 정리

1. 부모의 경청과 대화는 아이의 뇌를 깨우고 사고력을 키운다.
아이의 말을 끝까지 집중해서 듣는 태도만으로도 뇌에 강한 자극을 줄 수 있다. "그건 어떻게 생각해?" 같은 질문은 아이가 자신의 생각을 구조화해 표현하도록 돕는다. 이때 그림책은 대화의 좋은 매개체로, 평가 대신 공감과 리액션이 아이의 언어·사고 발달을 촉진한다.

2. 공부 이야기는 결과보다 '과정'에 초점을 맞추는 말로 시작해야 한다.
점수를 평가하고 비교하는 대신 아이가 시도하고 도전한 점에 주목하면 아이의 학습 동기를 북돋아줄 수 있다. 또한 아이가 실수를 두려워하지 않고 배움의 기회로 받아들이게 되면 학습에 대한 자율성이 살아난다.

3. 부모의 말투가 아이의 사고력과 자존감을 좌우한다.
"몰라도 돼", "그건 틀렸어" 같은 단정적인 말은 아이의 사고를 닫히게 하고, "좋은 질문이네", "다르게 생각해볼 수 있을까?" 같은 반응은 아이의 사고를 확장시킨다. 아이의 호기심을 지키는 말은 질문을 막지 않고 함께 탐색하는 데서 시작된다. 아이의 질문에 즉시 답하기보다는 "왜 그럴 것 같아?"라고 되물어주고 사고의 주도권을 아이에게 주자. 열린 질문은 아이의 탐구 본능을 살리고 스스로 사고하는 힘을 키워준다.

건강한 일상 루틴이
똑똑한 뇌를 만든다

하루의 리듬, 어떻게 설계할까

뇌는 예측 가능한 패턴 속에서 가장 안정적으로 움직인다. 일정한 시간에 자고, 일어나고, 밥을 먹고, 쉬고, 공부하는 그런 익숙한 하루의 흐름 속에서 뇌는 에너지를 효율적으로 분배하고, 집중력과 회복력을 조절하며, 기억을 차곡차곡 정리한다. 반대로 하루의 흐름이 들쑥날쑥하고, 잠자는 시간이나 식사 시간이 매번 바뀌면 뇌는 새로운 상황에 적응하느라 쓸데없는 에너지를 더 많이 쓰게 된다. 그만큼 정서도 불안해지고, 집중력은 쉽게 흐트러지며, 피로도는 늘어난다.

이건 단순한 생활 리듬의 문제가 아니다. 실제로 여러 연구에서도 뇌 발달에 하루 루틴이 뚜렷한 영향을 미치는 것으로 나타났다. 미국 메릴랜드 의과대학 연구진은 초등학생을 대상으로 수면 습관과 뇌 발달을 추적했는데, 수면 시간이 부족하고 수면 리듬이 일정하지 않은 아이들은 기억력, 문제 해결력, 충동 조절 같은 기능에서 확연하게 저하된 모습을 보였고, MRI 상에서도 뇌의 일부 구조가 건강한 수면 습관을 지닌 아이들과 달랐다고 보고했다.

또 최근에 '유아 루틴과 인지 발달의 상관관계'를 종합한 국제 리뷰 논문에서는, 정해진 시간에 자고, 먹고, 노는 생활 루틴을 가진 아이들이 그렇지 않은 아이들보다 감정을 조절하고 사고를 전환하는 등의 실행 기능과 언어 발달, 사회성에서 모두 더 긍정적인 결과를 보였다고 발표했다. 특히 잠자기 전 루틴은 아이의 뇌가 하루 동안 배운 내용을 정리하고 감정을 안정시키는 데 결정적인 역할을 한다고 분석되었다.

뇌는 끊임없이 정보를 받아들이고 처리하는 기관이지만 그 모든 일을 하루 종일 균일하게 해내는 건 아니다. 뇌는 스스로 리듬을 만들고, 그 리듬에 따라 에너지를 조절하며 작동한다. 아이의 뇌는 더욱 그렇다. ==아직 발달 중인 어린 뇌는 하루의 리듬이 조금만 흔들려도 쉽게 영향을 받고, 감정 조절이나 집중력, 동기에도 즉각적인 변화를 보인다.== 그래서 생활 루틴이 안정되어 있을수록 아이의 뇌는 더 깊게 배우고, 더 잘 기억하고,

더 편안하게 회복할 수 있다.

이 장에서는 뇌가 좋아하는 생활 루틴은 무엇인지, 그리고 그 루틴을 어떻게 만들어줄 수 있는지에 대해 이야기해보려고 한다. 몇 시에 자고, 몇 시에 일어나며, 언제 먹고, 언제 쉬고 공부하면 좋을지처럼 그저 시간을 잘 지키는 규칙적인 아이를 만들자는 이야기가 아니라, 아이의 뇌가 제 기능을 가장 잘 발휘할 수 있도록 환경을 설계해주는 것이다. 꾸준하게 지켜온 생활 리듬이 뇌를 보호하고, 또 그 안에서 아이는 훨씬 더 건강하고 튼튼한 삶의 기초 체력을 키워나갈 수 있다.

뇌의 순환을 돕는 아침 식사

어떻게 하면 우리 아이의 지능을 발달시킬 수가 있을까? 자녀의 교육에 열정적인 나라의 순위를 매긴다면 단연 우리나라가 1위일 것이다. 자궁에 있을 때부터 들려주는 태교 음악뿐 아니라 태교 학습까지 광고되고 있는 현실이니 말이다. 하지만 유감스럽게도 지적 능력은 분명히 타고나는 부분도 있다. 부모의 지능과 자녀의 지능 간 상관관계는 부모의 키를 자녀가 닮는 정도와 비슷하다. 이 대목에서 좌절감을 느끼는 부모들도 있을 것이다. 하지만 우리나라 청소년의 평균 키와 지능은 해마다 높아지고 있는 추세다. 아인슈타인의 지능도 현재 기준으로 측정하면 평범한 수준이다. 이 말은 아인슈타인의 업적이 높은 지능으로만 비롯된 것이 아님을 의미한다.

학습 클리닉에 방문한 부모들은 음식이나 영양제에 대해서도 매우 궁금해하신다. 뇌가 한창 발달하는 시기에 영양분이 풍부한 음식을 공급해주어야 한다는 것은 기본 상식이다. 뇌에 충분한 영양이 공급되어야 뇌가 잘 발달할 수 있는 기본 조건이 갖추어진다. 뇌의 영양 공급에 있어 가장 중요한 때는 아침이다. '아침 식사'를 뜻하는 영어 단어 'breakfast'는 뇌의 공복 상태(fasting state)를 깬다(break)는 의미를 담고 있다. 밤새 공복 상태였던 우리 몸은 뇌의 에너지원인 포도당을 원활하고 충분히 공급받을 수 있는 아침 식단을 원한다.

아침을 거르고 등교하는 학생들의 뇌를 보면 마치 혹사당하는 것처럼 느껴진다. 아침 식사를 챙긴다 해도 우유 한 잔이나 시리얼로 대충 넘기는 경우가 많다. 패스트푸드나 인스턴트 식품에도 포도당이 있기는 하지만 분해 속도가 빨라서 뇌에 일정한 농도의 포도당을 제공해주지는 못한다. 그러면 우리 뇌는 마치 롤러코스터를 탄 것처럼 에너지가 치솟았다가 일시에 빠져나가버리는 현상을 겪는다.

이렇게 되면 뇌가 상당히 예민해진다. 당연히 아이는 짜증을 잘 내고 부산스러워지며 나아가 학습 효율까지 떨어지게 된다.

주의력이 부족한 아이라면 그 영향은 더욱 크다. 그래서 초등학생 자녀를 둔 부모가 가장 먼저 신경 써야 할 생활 습관 중 하나가 '든든한 아침 식사'다. 아침밥은 아이의 뇌를 깨우는 스위치이기 때문이다.

그런데 아이가 지나치게 먹어서 비만이 되면 어떨까? 비만과 칼로리 과다 섭취는 당연히 금물이다. 비만은 뇌의 노화를 촉진시키기 때문이다. 중요한 건 잘 먹는 것이지 많이 먹는 것이 아니다. 잘 알려진 대로 좋은 지방을 많이, 나쁜 지방은 적게 섭취하는 것이 좋다. 오메가-3 지방산이 풍부한 과일, 잎 많은 채소, 생선, 생선 기름, 올리브유는 뇌 건강에 이롭다. 항산화 식품인 딸기, 블루베리, 브로콜리, 시금치, 토마토 주스, 건포도, 홍차 등도 뇌 기능을 지켜주는 좋은 재료다. 비타민 C와 E, 그리고 미네랄(B12, 엽산, 티아민)을 적정량 복용하는 것도 도움이 된다. 단, 비타민 E는 과다 복용하면 면역 기능이 떨어질 수 있으므로 반드시 의사와 상의하여 정량대로 복용한다.

카페인은 단기적으로는 각성과 주의력을 높이는 효과가 있지만 장기적으로는 불안감과 우울, 집중력 저하를 유발할 수 있다. 아이에게 주는 간식이나 음료에 카페인이 많이 포함되어 있지는 않은지 꼼꼼히 살펴보는 것이 필요하다.

자녀의 취침 시간을 앞당겨라

　자녀의 집중력 부족은 많은 부모들이 고민하는 문제다. 그런데 문제의 원인을 아이에게서만 찾는 경우가 의외로 많다. 마치 자녀가 가진 문제만 고치면 해결될 거라는 이상한 결론과 맞닿아 있다. 하지만 부모가 아이의 집중력을 흐트러뜨리는 원인일 수 있다. 부모의 생활 패턴이나 가정 환경이 오히려 자녀의 집중력을 해칠 수 있다는 사실은 왜 모르는가라고 묻고 싶을 때가 한두 번이 아니다.

　아이들은 거짓된 행동을 잘 못한다. 즉 아이가 '문제가 되는 행동'을 하고 있다면 부모들은 그 안에서 실마리를 찾아내야 한다. 이때 겉으로 드러나는 '자녀의 문제'에만 집중을 해서는 안된다. 아이가 그렇게 행동할 만한 환경의 변화는 없었는지, 부모로서 자신들의 역할은 무엇인지까지 종합적으로 검토 대상이 되어야 한다. 자녀가 산만하게 공부를 한다면 이는 환경적으로 뭔가 문제가 있음을 뜻한다. 그리고 그 환경은 대부분 학교, 가정, 학원에 국한되는데, 가장 먼저 가정에서 문제 의식을 가지고 살펴보아야 한다. 그리고 가정이라는 환경을 만드는 주체는 바로 부모 자신이다.

집중을 잘 하지 못하는 석이 이야기

며칠 전 석이의 어머니는 깜짝 놀랐다. 항상 숙제나 학습지를 할 때 옆에 엄마가 있지 않으면 아무리 시간이 가도 한 페이지를 넘어가지 못하던 석이가 부득이하게 엄마가 잠시 부엌에서 일을 하고 온 사이 그날 해야 할 학습지와 숙제를 몽땅 해치운 것이었다. 처음에는 대충 채워 넣은 게 아닌가 싶어 내용을 찬찬히 들여다보았더니 이전보다도 오히려 적게 틀리고 꼼꼼하게 해놓은 것이었다.

석이는 평소 총명하다는 칭찬을 많이 듣지만 조금 산만한 것이 문제였다. 하지만 '아이가 자라면 낫겠지' 하고 크게 문제 삼지 않았다. 그런데 초등학교 입학 전 아이를 영어 학원에 보낸 후 선생님에게서 "석이가 너무 산만해서 수업을 받는 데 어려움이 있다"는 말을 듣고는 고민에 빠졌다. 아이가 산만하다고는 하지만 자기가 좋아하는 게임을 할 때나 바둑을 두거나 할 때는 엄청난 집중력을 보였기 때문에 석이에 대한 학원 선생님의 조언이 좀처럼 믿기지 않았다. 아니, 더 솔직하게 표현하면 석이 어머니는 자녀의 문제점을 인정하는 일부터가 쉽지 않았다.

'우리 아이가 학원 수업에 집중을 못해서 선생님에게 이런 전화를 받다니…….' 하는 생각에 석이 어머니는 충격을 받았다고 한다. 사실 자녀의 문제점에 대해서는 어느 정도라도 부모들이 알고 있는 경우가 많다. 자기 속으로 낳아서 줄곧 키우고 있는데 왜 자녀의 문제점을 모르겠는가? 다만 이를 외부인으로부터 들었을 때 부모들이 받는 충격의 정도는 대단하다. 부모에게 있어 자녀는 자존심이자 생명이자 심장이지 않은가? 당연히 자녀에 대해 좋지 않은 소리를 듣게 되면 부모들은 마음이 조급해지고 심장이 뛰기 시작한다. 그래서 성급하게 생각하여 자녀를 더욱 다그치거나 석이 어머니처럼 자녀의 문제점에 대해 마음을 열지 못하는 것이다. 나는 석이 어머니에게 집중력 부족은 모든 아이들에게서 나타날 수 있는 증상이라는 사실을 주지시켜주고, 실생활에서도 얼마든지 해결의 실마리를 풀 수 있다는 희망을 주었다. 그것이 사실이기 때문이다.

나는 석이의 생활 습관과 식사 습관을 면밀히 살펴보았다. 석이의 부모가 맞벌이를 하고 있다는 점에서 식사 습관부터 물어보았다. 석이는 주로 할머니가 돌봐주었고, 그래서 저녁이면 엄마와 아빠가 귀가할 때까지 자지 않고 기다리는 경우가 많았다. 그러다 보니 자연히 늦게 잠자리에 들게 되고, 부모님을 기다리는 동안 TV를 보거나 컴퓨터를 하는 시간이 늘었다. 어머니도 석이를 아무리 재우려 해도 10시 30분 전까지는 전혀 졸려 하지 않는다고 했다. 그 여파로 석이는 아침에 늦게 일어났고, 유치원 등원 시간에 여유가 없어 아침 식사는 시리얼과 우유로 대신하는 날들이 대부분이었다.

나는 우선 석이의 취침 시간을 앞당기도록 했다. 특히 9시 이후에는 TV를 보거나 컴퓨터 게임을 일절 하지 않도록 지도했다. 저녁 시간 대에 TV나 디지털 기기를 보는 것은 뇌를 각성시켜 수면을 방해하기 때문이다. 이때 중요한 건 부모도 함께 참여하는 것이다. "너는 책을 봐라. 엄마는 드라마를 볼 테니" 하는 식의 모순된 행동은 아이들로서 받아들이기 힘들다. 자신은 TV를 보면서 아이만 못 보게 하는 것은 거의 불가능한 일일 뿐 아니라 교육적으로나 심리적으로 아이에게도 좋지 않다.

또한 아침 시간에 여유를 만들어 제대로 된 식사를 할 수 있게 했다. 그리고 시리얼에 우유만 먹고 가던 기존의 식단에 스크램블드 에그, 과일, 요구르트, 오렌지 주스 등을 추가했다. 초등학교 저학년 아이들은 수면 시간 자체가 부족하지는 않아서 일찍 자면 일찍 일어나는 경우가 대부분이다. 그렇기에 취침 시간을 앞당기는 것만으로도 아침 식사 환경을 바꿔줄 수 있다.

처음에는 부모와 아이 모두 힘들어했지만 그래도 성실히 따랐다. 효과는 2주도 채 되지 않아 나타나기 시작했다. 밤 10시가 넘어도 절대 졸려 하지 않던 아이가 9시 30분이면 잠을 자기 시작했고, 아침에 일찍 일어난 아이는 여유를 갖고 식사를 더 잘 챙겨 먹었다. 놀랍게도 영어 학원에서도 산만하다는 지적이 사라졌다.

==열 살 전의 아이들은 몸과 뇌가 완전히 성숙하지 않은 상태==

다. 그렇기에 영양이 부족하거나 수면이 흐트러지면 곧바로 행동과 집중력에 변화가 나타난다. 어른에게는 '밥 한 끼', '잠 한 시간'일지 몰라도 우리 아이들에게는 그 밥 한 끼가 생활 자체를 흔드는 커다란 요인이 될 수 있다.

> **더 읽을거리**
>
> ## 잠을 푹 자면 지능이 올라간다
>
>
>
> 초등학교 4학년 연령의 아동들을 대상으로 진행된 한 연구에 따르면, 수면 시간을 30분만 앞당기고 늦추는 것만으로도 인지 기능 점수와 성적에 뚜렷한 차이가 나타났다. 단 1시간의 수면 시간 차이가 아이의 학습 능력에 큰 영향을 미치는 것이다.
> 수면은 뇌에 휴식이 되기도 하지만, 우리 뇌는 잠을 자는 동안 흩어진 정보를 정리하고 논리적 과정 이외의 추론 과정을 수행한다. 낮 동안 들어온 자극과 지식이 수면 중에 정리되며, 기억력과 주의력, 사고력을 높여주는 것이다. 충분한 수면은 신체 컨디션을 좋게 한다는 측면에서도, 뇌가 가장 효율적으로 활동하는 환경을 마련해준다는 측면에서도 매우 중요하다.
> 하지만 요즘에는 초등학생들도 학원이나 공부, 숙제를 하고 TV나 스마트폰을 보느라고 늦게까지 깨어 있다는 이야기를 자주 듣는다. 잠을 줄여 공부를 더 하는 건 피로도를 높이고 집중력과 기억력을 떨어뜨려 학습 효율도 급격히 낮아지게 만드는 일이다.
> 공부 시간을 조금 줄이더라도 아이의 수면 시간을 보장해주는 것이 훨씬 중요하다. 초등학생이라면 적어도 8시간은 잘 수 있게 해주자. 잠은 공부의 적이 아니라 최고의 조력자다!

수면과 주의력의 관계

흔히 '아침형 인간이다', '올빼미형 인간이다' 하는 말들을 많이 한다. 사람마다 수면 주기의 특성은 다르지만 주의력이 약한 아이일수록 올빼미형 인간이 많다는 것이 정설이다. 밤에는 잠을 자지 않으려고 하고 아침에는 일어나기 어려워하는 아이들을 깨우기 위해 부모는 아침마다 전쟁을 치른다. 그러나 대부분의 집에서 아무도 승자가 없는 전쟁이 될 수밖에 없다. 아이들은 채 맑아지지 않은 정신으로 아침밥도 먹는 둥 마는 둥 하고 집을 나서고, 난리통에 아이를 등교시키고 나면 엄마들도 파김치가 되어버리고 만다.

이 문제를 해결할 실마리는 사실 밤에 있다. 밤에 아이가 일찍 잠들 수 있다면 그 다음날 일찍 일어나는 것은 그만큼 수월해지기 때문이다. 이미 늦게 자는 데 익숙해진 아이들은 처음에는 늦게 자려고 하겠지만 꾸준히 노력하면 일찍 자는 습관이 들 수 있다.

이러한 습관이 들지 못하는 몇 가지 이유가 있는데, 첫째는 부모의 늦은 귀가 시간이다. 부모도 아이가 보고 싶으니 늦게 자는 것을 허용하는 것이다. 귀여운 자녀와 대화도 나누고 오순도순 TV를 보다 보면 아이가 자야 할 시간을 훌쩍 넘기기 십상이다. 그런 면에서 볼 때는 부모가 일찍 들어오는 것이 꼭 좋다고 할 수도 없다. 저녁 식사 후 자연스럽게 휴대폰을 보거나 TV 앞에 앉는 부모가 가장 나쁘다고 할지도 모르겠다.

두 번째로 흔한 원인은 학원 숙제다. 아이들이 공부하고 숙제하느라고 잠을 자지 못한다. 아이가 스스로 알아서 일찍 숙제를 끝마치면 좋겠지만 보통은 미루고 미루다 저녁 늦게 시작한다. 그러다 보면 밤늦게까지 잠을 자지 않고 숙제를 해야 하는 경우가 많다.

낮에 해야 할 일을 모두 마치는 게 쉬운 일은 아니지만 그렇게 습관을 들여야 한다. 그러나 그것 못지않게 너무 많은 양의 공부를 하지 않는 것도 중요하다. 아직 주의력이 충분히 자라지 않은 아이를 밤늦게까지 공부시키고 아침에 일찍 일어나게 하려다 보면 아이는 점점 집중력이 떨어지는 악순환이 반복된다. 잠을 자야 하는 시간에 잘 수 있도록 습관을 들이는 일이야말로 가장 중요하다는 사실을 잊지 말아야 한다.

생활 루틴이 만드는 똑똑한 뇌

아이의 아침 식사, 식습관, 수면 시간은 단순한 생활 관리의 차원을 넘어, 뇌 발달과 학습 능력, 정서적 안정성과도 깊이 연결되어 있다. 부모들 중 상당수가 머리로는 이를 잘 알고 있지만, 정작 실생활에서 실천으로 옮기는 데는 어려움을 겪는다. 그러나 좋은 습관은 하루아침에 만들어지지 않는다. 아이가 스스로 선택하고 경험을 통해 '필요하다'고 느낄 때, 그리고 부모가 일관된 리듬과 긍정적인 분위기로 조용히 유도할 때 조금씩 바뀌기 시작한다.

수면 루틴이 뇌를 안정시킨다

"일찍 자라"는 말만으로는 아이의 취침 시간을 앞당길 수 없다. 수면도 하나의 리듬이고, 이 리듬은 매일의 반복과 환경으로 조절된다. 저녁 9시가 넘으면 조명을 조금 어둡게 조절하고, TV나 스마트폰 대신 책 읽기나 조용한 대화를 루틴으로 만들어주자. 잠옷 갈아입기, 가벼운 스트레칭, 취침 전 조명 낮추기 같은 일관된 신호가 반복되면 아이의 뇌는 '이제 잘 시간'이라는 패턴을 학습한다. 주말에도 기상 시간과 생활 리듬을 크게 흔들지 않는 것이 좋다. 뇌는 예측 가능한 일과 속에서 안정감을 느끼고 순환을 회복하기 때문이다.

아침 루틴이 집중력을 깨운다

수면 리듬이 회복된 다음에는, 기상 후 30분 안에 아침 식사를 한다. 이 아침 식사가 아이의 주의력과 전두엽 활동을 깨우는 데 중요한 역할을 한다. 밤새 고갈된 포도당을 보충하고, 하루의 뇌 활동에 연료를 공급하기 위해서는 아침 식사가 반드시 필요하다. 바쁜 아침에 한 끼를 차리는 것이 어려울 수도 있지만 복잡한 식단일 필요도 없다. 간단한 곡물바나 바나나, 견과류와 두유처럼 정해진 메뉴를 반복해주는 것만으로도 습관을 들일 수 있다.

기상 후 물 한 잔, 가벼운 스트레칭, 아침 식사로 이어지는 간단한 루틴을 매일 반복하면 뇌는 이 순서를 기억하고 그에 맞게 신경계를 준비하기 시작한다. 여기에 아이가 식사 준비에 일부라도 참여하면 자율성과 책임감도 함께 자란다.

식습관이 사고력을 키운다

아이에게 '좋은 음식'을 먹이려 하기보다, 그 음식을 스스로 선택하고 이해할 수 있도록 도와주는 과정이 필요하다. 예를 들어 마트에 가서 '브레인 푸드'인 연어, 계란, 견과류, 베리류 등의 식재료를 함께 고르거나 아이가 직접 반찬 하나를 고르게 해보자. 이런 과정을 통해 아이는 음식에 주도권을 갖게 되고, 자신이 고른 식품은 더 큰 관심과 애착으로 이어진다. 식탁에서 식재료의 기능과 역할을 짧게 이야기해보는 것도 효과적이다. "이건 뇌에 좋은 기름이 있어서 집중할 때 도움이 돼", "이 과일에는 기억력을 높이는 항산화 성분이 있어"처럼 짧고 간결한 설명을 곁들이면 아이의 뇌는 정보와 감각 사이에 의미 있는 연결을 만든다.

해로운 루틴은 뇌를 피로하게 한다

공부 후 야식을 먹거나 당이 많이 든 음료를 자주 찾는 습관은 뇌 건강에 해롭다. 수면 직전의 당 섭취는 뇌가 충분히 휴식하는 것을 방해해 다음 날까지 피로가 누적될 수 있다. 간식 시간과 공간을 정해두고, 카페인이나 정제당 위주의 식품 대신 자연식에 가까운 대체 식품을 주는 것이 좋다. 초콜릿 대신 건과일이나 견과류, 탄산음료 대신 과일 탄산수를 시도해보는 식이다. 중요한 것은 아이의 '배고픔'이 진짜 배고픔인지, 스트레스나 지루함의 표현인지 아이가 구별할 수 있도록 대화를 나누는 것이다. 음식이 감정의 해소 수단으로 굳어지는 것을 조심해야 한다.

말보다 강력한 환경의 힘

이 모든 습관을 형성하는 데 핵심은 환경이다. 아이에게 잔소리보다 강력한 것은 주변에 놓인 것들이다. 냉장고 문을 열었을 때 초콜릿 대신 과일이 있고, 식탁 위에 과자 대신 견과류가 놓여 있으며, 부모가 밤 10시 이후 스마트폰 대신 책을 펼치는 모습을 보여준다면 잔소리는 필요 없다. "이제 잘 시간이야"라는 말 대신 방의 조명을 낮추고, 함께 누워 조용히 하루를 정리하는 시간이 습관의 시작이 될 수 있다.

==아이의 집중력, 정서 안정, 사고력은 특별한 훈련이 아니라 결국 하루하루의 생활 루틴 속에서 자란다. 그리고 그 루틴은 부모가 설계한 환경과 리듬 속에서 가장 자연스럽게 만들어진다.== 말보다 환경이, 지식보다 경험이 더 오래 남는다는 사실을 기억하며, 오늘부터 아이의 하루를 한 걸음씩 다시 설계해보자. 지금 부모가 바꾸는 생활 리듬 하나가 아이의 뇌를 위한 가장 크고 좋은 선물이 될 수 있다.

코로나19가 알려준
집에서 만드는 루틴 훈련법

코로나19 대유행 시기 동안 많은 부모들이 같은 고민을 했다. 학교에 가지 못하고, 친구도 만나기 어려운 상황에서 아이가 하루종일 집 안에서 무기력하게 늘어지기만 할 때 어떻게 도와줘야 할지 몰랐기 때문이다. 당시 많은 전문가들은 한 가지를 강조했다. "아이의 뇌가 건강하게 작동하려면 루틴이 무너지지 않아야 한다." 그저 시간표를 짜라는 뜻이 아니라 뇌가 예측 가능한 하루 안에서 스스로를 조절할 수 있어야 한다는 의미였다.

이 원칙은 지금도 여전히 유효하다. 특히 초등 고학년 시기 아이의 뇌는 점점 더 복잡한 감정과 생각을 처리하고 스스로 학습을 계획하며 자율적인 방향으로 나아가려는 발달의 갈림길에 서 있다. 이 시기에 루틴은 단순한 규칙이 아니라 내면의 질서를 만드는 도구가 된다.

같은 시간에 일어나고 자는 것부터 시작한다

매일 같은 시간에 일어나는 것이 뇌의 리듬을 가장 건강하게 만든다. 늦잠과 야식이 반복되면 생체시계가 흐트러지면서 감정 조절도 어렵고, 집중력도 떨어지기 쉽다.

'기상 후 루틴'은 하루를 여는 뇌의 시동이다. 눈을 뜨고 나서 10분 동안 무얼 하느냐가 하루의 분위기를 결정한다. 꼭 일찍 일어나는 게 중요한 게 아니라 '일정한 시간'이 더 중요하다.

'할 일표'가 아닌 '리듬표'를 만든다

'몇 시에 뭘 해야 해!'라는 딱딱한 계획표보다는 '이 시간쯤엔 이런 흐름으로 보내는구나'를 알 수 있는 루틴이 더 효과적이다. 아이가 지켜야 할 목록이 아니라 스스로 자연스럽게 익숙해지는 흐름을 만드는 것이 핵심이다.

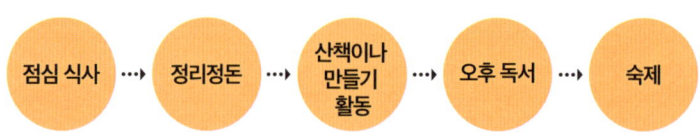

'조용한 시간' 루틴이 꼭 필요하다

하루 중 일정 시간은 부모의 일이나 회의, 휴식 시간과 겹치게 설정해 '조용히 혼자 보내는 시간'으로 정해두자. 이때는 디지털 기기 없이 책 읽기, 만들기, 그리기, 정리하기 같은 활동을 아이 스스로 고르게 해준다.

이 루틴이 정착되면 부모는 '아이에게 방해받지 않는' 자신만의 시간을 확보할 수 있고, 아이는 자기조절과 집중의 힘을 기를 수 있다.

예 | "2시부터 3시까지는 엄마, 아빠 조용한 시간이야. 도현이는

책 읽기나 만들기 활동 중에서 골라서 조용히 보낼 수 있겠지?"

디지털 기기 없는 아날로그 시간 루틴 만들기

아이들은 심심함을 디지털 기기로 채우려 한다. 하지만 심심함은 뇌에겐 창의력의 시작점이다. 스마트폰 없이도 재미있는 활동을 찾아보는 경험이 꼭 필요하다. 이때 중요한 건 '금지'가 아니라 '대안'을 주는 것이다.

예 |
- 30분 동안 나만의 이야기 쓰기
- 미니보드게임이나 퍼즐 맞추기
- 동화책 속 인물 따라 그려보기
- 나만의 책장 만들기, 그림일기 쓰기
- 반려식물 물 주기, 성장 기록하기

이러한 아날로그 활동은 감각 자극, 정서 안정, 자기 몰입을 이끌어내며, 결국 집중력과 학습 지속력을 높이는 기초 체력을 길러준다.

잠들기 전 하루를 정리하는 감정 루틴

자기 전 10분은 아이가 가장 진솔해지는 시간이다. 이때 하루를 정리해볼 수 있는 간단한 질문을 던지면 아이의 감정도 안정되고, 언어적 표현력도 자라난다.

"오늘 기분 어땠어?", "가장 웃겼던 순간은 언제야?" 같은 질문이면 충분하다. 감정을 말로 표현하는 것은 뇌의 전전두엽을 자극해 사고력과 자기 조절 능력을 함께 키워준다.

하루 루틴은 아이에게 '내 삶을 내가 조절할 수 있다'는 메시지를 주는 소중한 훈련이다. 이 경험이 쌓이면 공부든 인간관계든 스트레스가 닥쳐도 중심을 잃지 않는 힘으로 자라날 수 있다. 루틴은 하루를 바꾸고, 하루는 결국 아이의 미래를 만든다.

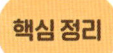 **핵심 정리**

1. 뇌는 예측 가능한 하루 루틴에서 가장 안정적으로 작동한다.
　일정한 시간에 자고 일어나고 식사를 하는 리듬이 있으면 뇌는 에너지를 덜 낭비하고 집중력, 회복력, 기억력을 효율적으로 유지한다. 생활 리듬은 뇌 발달과 감정 조절, 실행 기능 향상에 영향을 미치는데, 일정한 루틴을 지닌 아이일수록 언어 발달, 사회성, 사고 전환력이 높다.

2. 아침 식사는 밤새 비었던 뇌에 공급하는 연료다.
　기상 후 든든히 먹어야 포도당이 안정적으로 공급돼 기억·집중이 올라간다. 단순당, 패스트푸드, 인스턴트 식품은 뇌를 잠깐 각성시킨 후 급격한 저하를 불러 짜증과 산만함, 학습 효율 저하로 이어진다.

3. 아이의 집중력 문제는 아이 자체보다 가정환경의 영향일 수 있다.
　부모의 생활 패턴, 가정의 분위기, 환경적 자극이 집중력을 흔드는 주된 요인이 될 수 있으므로 집중력 문제를 해결하기 위해서는 아이만 고치려 하지 말고 환경부터 점검해야 한다.

4. 수면 패턴은 집중력의 핵심 변수다.
　늦은 취침과 불규칙한 생활은 아침 식사와 등교 리듬을 깨뜨려 집중력을 떨어뜨린다. 부모의 생활 습관과 TV·디지털 기기 노출도 아이의 수면에 직접 영향을 준다. 아이의 취침 시간 조정만으로도 집중력이 눈에 띄게 향상될 수 있다.

5. 어린아이는 수면과 영양 변화에 민감하게 반응한다.
특히 열 살 전 아이들은 뇌가 완전히 성숙하지 않아 밥 한 끼, 잠 한 시간 차이에도 행동·집중력 변화가 크다. 수면 습관과 식사 리듬만 바로잡아도 학습 환경 전반이 안정된다.

6. 똑똑한 뇌를 만드는 생활 루틴
- 수면 루틴이 뇌를 안정시킨다.
- 아침 루틴이 집중력을 깨운다.
- 식습관이 사고력을 키운다.
- 해로운 루틴은 뇌를 피로하게 한다.
- 때론 환경이 말보다 더 강력하다.

7. 집에서 만드는 루틴 훈련법
- 같은 시간에 일어나고 자는 것부터 시작한다.
- '할 일표'가 아닌 '리듬표'를 만든다.
- '조용한 시간' 루틴이 꼭 필요하다.
- 디지털 기기 없는 아날로그 시간 루틴을 만들어 시행한다.
- 잠들기 전 하루를 정리해본다.

지능지수보다
'정서 뇌'를 다독여라

정서가 무너지면 뇌는 닫힌다

내가 강의를 할 때나 부모님과 상담을 할 때마다 강조하는 내용이 있다. 바로 "아이의 정서가 안정되어야 학습이 잘 된다"는 말이다. 새삼스러울 것도 없는 이 말이 일상에서는 실천하기가 무척 어렵다. 아이가 숙제는 계속 미루어두고 도움도 안 되는 만화책을 보거나 친구나 동생과 놀려고만 들 때, 컴퓨터 게임 끝나고 공부하기로 약속해 놓고서는 공부는 시작도 하지 않을 때, 어떻게 아이들에게 좋은 말만 할 수 있을까? 하지만 한 가지 기억해야 할 것은 있다. 아이가 우울한 감정 상태가 되면 뇌의 활동량이 눈에 띄게 줄어든다는 점이다.

한 연구에 따르면, 우울한 사람의 뇌는 대뇌피질의 포도당 소모량이 전반적으로 적은 데 비해 우울증이 치료된 후의 뇌는 포도당 소모량이 확연하게 증가한다. 포도당은 우리 뇌가 활동할 때 쓰는 연료다. 이 연료를 쓰지 않는다는 것은 뇌가 그만큼 활동을 하지 않는다는 뜻이다. 눈으로는 보고 있으나 머리는 사실상 쉬고 있는 것이다. 아이가 이런 상태일 때 야단을 치며 억지로 책상 앞에 앉히고, 복잡한 사고를 요구하는 공부를 시키는 것은 비효율적인 전략이다. 단순한 반복 과제 정도나 가능할 뿐 깊이 있는 학습은 이루어지기 어렵다.

공부 때문에 잦은 잔소리와 야단을 맞는 아이는 우울해지기 쉽고, 적어도 공부에 대해서만큼은 부정적 감정을 갖게 된다. 이렇게 감정이 닫힌 상태에서는 학습 능력 전반에 걸쳐 효율이 떨어지기 때문에 책상 앞에 아무리 오래 붙어 앉아 있다한들 성적은 계속 떨어진다. 뇌를 활발하게 만들기 위해서라도 우울한 감정은 꼭 없애고 아이가 신바람을 내며 공부할 수 있도록 만들어주어야 한다.

인간의 감정은 뇌의 한가운데 깊숙이 자리하고 있는 신경핵들이 담당하고 있다. 특히 인간이 두려움을 느낄 때 편도체가 활성화되는데, 변연계 안의 해마가 기억을 담당한다는 것은 흥미로운 부분이다. 우리가 어떤 것을 기억할 때 아주 좋았던 기억이나 아주 나빴던 기억은 분명히 더 잘 회상할 수 있는 것도 해마가 기억과 감정 모두에 관여하기 때문이다.

　이 부위들은 대뇌의 피질들과 긴밀히 연결되어 마치 스위치처럼 작동하면서 우리의 대뇌가 적절히 작용할 수 있게 해준다. 이 스위치가 원활하게 작동하지 않으면 우리의 뇌는 불이 꺼진 형광등 같거나 반대로 과전류가 통하는 전기 기기 같은 모습이 된다.

　사람과 비슷한 뇌 구조를 가진 실험용 쥐를 대상으로 한 유명한 연구가 있다. 쥐를 꼼짝달싹 못하게 랩으로 싸놓고 극심한 스트레스를 주었더니, 스트레스를 받은 쥐 뇌의 해마 부위가 많이 손상된 것을 관찰할 수 있었다. 부정적인 감정과 장기 기억 저장에 중요한 역할을 하는 이 부위가 스트레스로 파괴될 수 있다는 사실을 보여주는 강력한 사례다.

　스트레스는 우리 뇌뿐만 아니라 몸의 면역력에도 지장을 주어서 갖가지 병을 유발하는 원인이다. 그런 무서운 존재인 스트레스를 우리 아이들이 공부 때문에 받고 있다. 할 수 있는 한 스트레스를 최소화하고, 필요하지 않은 스트레스는 받지 않도록 도와주는 것이 부모로서 반드시 해야 할 일이다.

감정이 흔들리면 학습은 멈춘다

공부 때문에 불안에 시달리는 아이들

공부 때문에 우울해지는 아이도 있지만 불안해지는 아이들도 많다. 이런 아이들은 주위의 성적 압박 때문에 시험 보는 날 복통을 호소하거나 심지어 토하기도 한다. 요즘에는 초등학교 3~4학년만 되어도 이런 증상을 보이는 아이들이 적지 않다. 부모가 성적에 압박을 주지 않아도 아이의 정서 기반이 불안정하면 이러한 시험 불안이 생길 수 있다.

시험 불안은 한번 생기면 잘 없어지지 않는다. 학년이 올라갈수록 시험 결과에 대한 부담감이 더 커지기 때문이다. 결국 수능이나 중요한 시험에서 자기 실력보다 형편없이 시험을 치른다거나 시험 날 아파서 시험을 잘 못 보는 일이 생긴다.

좋은 성적 받기보다 더 두려운 혼자라는 감정

사회성은 인간이 가진 능력 가운데 가장 고등 능력에 속한다. 언어적 능력도 그렇지만 사람이 만든 복잡한 사회적 관계는 다른 동물들과는 비교할 수 없을 정도로 정교하고 복잡하다. 이런 사회성이 잘 발달해 있어야 개인이 가진 능력을 충분히 발휘하고, 그에 걸맞은 보상을 받을 가능성도 높아진다.

물론 사회성이 곧 학습 능력을 결정하는 건 아니다. 하지만 사회성이 부족한 사람은 융통성이 적고, 맥락의 흐름을 파악하거나 상황 판단력이 떨어져 고차원적 사고가 필요한 경우 문제 해결에 어려움을 겪는다.

대부분의 아이들은 친구 관계가 학습 태도에 직접적인 영향을 미친다. 주변에 친구가 없어도 별로 신경 쓰지 않고 자기 할 일을 묵묵히 잘하는 아이도 있지만 그건 소수이고, 대부분 친구가 없으면 외로움을 견디지 못하고 우울해지거나 고민에 빠진다. 괴롭힘까지는 아니더라도 학교에 친구가 없어서 힘들어하는 경우는 흔한데, 이런 학생들은 공부는 거의 뒷전이 되어버리고 만다.

언젠가 상담에서 한 학생이 이런 말을 한 적이 있다.

"선생님, '내일 학교에 가면 누구와 점심을 먹을 수 있을까? 또 혼자 먹어야 하나?' 이런 생각 해본 적 있으세요? 그게 얼마나 큰 두려움인지 아세요? 이런 생각을 하는데 제가 어떻게 공부가 눈에 들어오겠어요."

학년이 올라갈수록 따돌림당하지 않고 또래에 포함되어야 살아남는다는 압박은 강해진다. 새 학년의 첫 한 달은 공부보다는 무리 짓기가 가장 큰 스트레스라고 하는 아이들이 많다. 사회성이 좋은 아이들은 이 시기를 빨리 성공적으로 마무리하고 공부에 관심을 돌릴 수 있게 되지만 이 과정에서 어려움을 겪는 아이들은 공부 말고 다른 문제로 자꾸 에너지를 소모하게 되는 것이다.

공부는 머리로만 하는 게 아니다. 학습에서 가장 기본이 되는 것은 이 감정, 정서의 조절이다. 아무리 학습법이 뛰어나고 전략이 치밀해도 정서적 기반이 무너지면 백전백패다. 나름대로 노하우가 있는 학원 선생님이나 학습 컨설턴트가 실패하는 이유도 여기에 있다. 아이의 감정이 먼저 회복되지 않으면 학습은 한 발도 나아가기 어렵다.

휴식과 즐거움 속에서 성장하는 공부 뇌

요즘 아이들 중엔 하루 스케줄이 어른보다 더 빽빽한 경우가 많다. 학원과 숙제, 사교육 일정에 쫓겨 다른 짓을 할 시간조차 없는 경우도 있다. 초등학교 저학년부터 이렇게 생활하는 건 공부 뇌 발달에는 전혀 유리하지 않다.

우리의 뇌는 정보가 전달되면 즉시 순차적으로 처리하는 컴퓨터와 다르다. 대뇌의 피질 곳곳에서 여러 과정을 동시에 거치며 같은 정보를 여러 번 되새기고 연결하면서 비로소 '자신의 것'으로 조금씩 만들어간다. 특히 한 가지 개념 이상의 연상 작용은 대뇌의 사고력 발달에 필수적인 요소다.

요즘 아이들은 시간에 쫓기고 여유가 없으니 심사숙고를 하지 못한다. 학원에서 배우거나 책에서 보아서 기억하는 것은 '아는 것'이고 그렇지 않은 것은 '알 수 없는 것'이 된다. 이런 패턴은 필연적으로 문제 해결 능력을 떨어뜨리고 교과 공부는 잘하지만 실제 역량은 떨어지는 경쟁력 약한 사람으로 성장하게 만든다. 특히 산만한 아이일수록 이런 경향이 두드러진다. 부디 아이들에게 심심할 시간을 주자.

운동은 뇌를 활발하게 움직이게 한다

예전에 한 방송 프로그램에서 러닝머신에서 운동을 한 다음에 기억력 테스트를 하면 기억력이 올라가는 것을 실험하여 보여준 적이 있다. 그 향상의 정도가 눈에 띄게 두드러져서, 같이 실험을 자문했던 나로서도 매우 인상적이었다. 운동이 뇌 기능에 미치는 영향에 대해서는 이미 수차례 연구로 입증되었다. 미국의 일부 주에서는 이 원리를 교육에 적극 활용해 0교시에 학생들에게 체육 수업을 운영하는 곳도 있다.

운동을 하면 뇌의 혈류량이 증가하고, 증가한 혈류량이 뇌의 활동성을 높이기 때문에 운동과 뇌 기능 향상에 깊은 상관관계가 있다고 보는 것이 현재까지의 일반적 견해다. 뇌 혈류량뿐만 아니라 심폐 기능과 근육이 활성화되면서 긴장감을 동반하지 않은 상태에서 각성도가 증가하기 때문에 지적 활동에 도움이 되는 것으로 보기도 한다. 이러한 결과들은 과중한 학업으로 인해 운동할 수 있는 절대 시간이 감소한 현재의 우리나라 학생들을 생각하면 시사하는 바가 참 크다.

학교 운동장이나 동네 놀이터에서 아이들을 볼 수 없고, 학교 체육 시간이 자습이나 견학으로 변질되는 일이 잦은 요즘 상황을 보면 이것이 결국 학습 경쟁력을 잃어버리는 길이 아닌가 하는 생각이 든다.

예전에는 학교에서 아침에 '국민체조'라는 것을 반드시 했던 기억이 있다. 체조 시간은 전체주의적이고 군사문화적이라고 해서 사라진 것 같은데, 의도한 것이든 아니든 뇌의 능률 향상이라는 면에서는 의미가 있었다. 물론 억지로 시키는 게 아니라 자발적이고 즐거운 분위기에서 이루어졌더라면 좀 더 좋았을 것이다. 효과적인 공부 뇌를 키우기 위해서라도 요즘 시대에 맞는 새로운 '아침 운동 루틴'을 되살려보는 것은 어떨까?

정서적 안정은 지능지수보다 중요하다

정서적 안정이란 어찌 보면 내가 만난 모든 아이들에게 해당하는 중요한 요소라고 할 수 있다. 아이들에게는 학교 공부가 무엇보다 힘든 일이다. 익숙하지 않은 개념을 이해하고, 실수를 견디며 긴 시간을 집중해야 한다. 그렇기 때문에 학업에 필요한 요소가 잘 갖추어지지 않으면 착실하게 공부에 집중하기 힘들다. 공부할 수 있는 환경을 만들어주는 일, 아이를 이해하고 사랑으로 보듬어주는 일이야말로 기능적인 능력을 키워주는 것보다 부모와 사회가 진정으로 아이를 위해 해야 할 일인지도 모른다.

부모의 역할

연우라는 학생은 상담 당시 초등학교 3학년이었는데, 학교에서도 수업 시간에 불성실하다고 지적을 받았고, 집에서도 학교 숙제나 공부를 전혀 하지 않으려고 했다. 주의도 산만하고 불안도도 높았는데 연우에게는 큰 스트레스가 있었다. 부모의 사이가 좋지 않은 것이 바로 그것이었다.

연우의 어머니는 약간의 우울증이 있었고 남편과의 사이에서 애정을 느끼지 못했다. 그러다 보니 연우에게도 잘해주다가 갑자기 모든 것을 귀찮아하면서 화를 내곤 했다. 이때 받은 상처가 연우에게 크게 남아 있었다. 연우에게 놀이치료를 하면서 어머니의 결혼생활에 대한 개입을 시도했다. 그러나 불행히도 부부간의 사이는 조금 좋아지는 듯하다가도 이내 다시 결혼생활

이 끝날 것처럼 파국으로 치닫곤 했다. 집안 분위기에 따라 연우도 좋아지다가 다시 원래대로 돌아오고 하는 것을 반복했다.

이런 현상은 비단 어린아이들에게서만 보이는 것은 아니다. 성태라는 고등학생은 어머니에게 매우 극단적인 양가감정을 가지고 있었다. 어머니가 자신을 따뜻하게 대해주고 의논도 해주기를 바라지만 엄마가 언제 냉정하게 변할지 몰라 두려워하면서 차라리 모든 것을 혼자 해나가려고 생각하고 있었다. 엄마에게 화가 날 때는 '내가 누구 좋으라고 공부하지?'라는 생각이 들어 공부도 전혀 하기가 싫어진다고 했다.

부모와 자녀의 사이가 어긋나는 건 학업에 관심이 가장 높을 시기인 중고생 가정에서는 흔히 있는 일인지도 모른다. 그러나 어떤 집에서는 아이가 공부를 하고, 어떤 집에서는 아이가 집을 나간다. 그 차이는 아이 쪽에 원인이 있을 수도 있지만 부모의 원인도 상당히 크다. 부모들은 대개 특정한 양육 스타일을 가지고 있는데, 그것들을 살펴보면 다음과 같이 정리할 수 있다.

첫째, 통제형 부모다. 통제형 부모는 아이의 학습 동기를 떨어뜨리고 나중에 시험 불안과 강박증 같은 이차적 불안 증상을 유발할 가능성이 크다. 이것은 통제를 많이 하는 부모 자신의 불안이 커서 그럴 수 있다.

통제형 부모들은 자녀들 앞에서는 권위를 내세우며 순종을 요구하고, 모든 것을 가장 잘 알고 있는 것처럼 행동한다. 그러나 사실은 자녀가 잘 자라고 있는지, 앞으로 닥쳐올 시련들을 잘 넘길 수 있을지 자신이 없다. 더욱이 부모가 자녀로부터 신뢰를 받고 있는가에 대해서 자신이 없으므로 자녀의 조그마한 이의 제기나 반항도 크게 받아들이는 경향이 있다. 따라서 통제형 부모들은 자녀와 오래 대화하는 것에 부담을 느끼고, 아이들이 커갈수록 자신들의 권위가 떨어지지 않을까 걱정한다.

둘째, 방임형 부모다. 통제적 부모와는 반대로 민주적이라는 미명하에 방임형 부모로 행동하는 경우도 있다. 부부의 로맨틱한 관계가 강해도 이러한 경향을 보이는데, 이 경우 아이들은 무력한 자신들이 부모로부터 도움을 받고 싶은데 부모는 알아서 하라고 하는 데에 대해 서운함, 때론 분노를 느끼기도 한다. 무조건 자율에 맡기는 것이 좋은 것만은 아니다.

어릴 때는 부모가 생활에서 차지하는 비중이 크기 때문에, 학년이 높아지면 부모에게 인정받고 관심을 받고 있다는 것을 확인하고 싶은 마음에 아이들은 부모들에게 더 많은 요구를 하기도 한다. 특히 중요한 결정을 앞두고 있는데도 아이에게 선택권을 주고, 행동에 책임을 질 수 있도록 키우겠다는 이유로 부모가 최소한의 관심도 표하지 않으면 아이는 어찌할 바를 모르게 된다. 심지어 '될 대로 되겠지'라는 심정으로 포기해버리거나 부보에 대한 믿음도 옅어질 수 있다. 몸은 커가지만 아직은 어른이 아니기 때문에 아이들은 늘 미성숙한 자신의 모습을 보

> 더 읽을거리

맹목적인 칭찬은 아이를 바보로 만든다

『칭찬은 고래도 춤추게 한다』는 베스트셀러가 등장한 이후로 꾸짖고 엄하게 양육하던 분위기에서 많은 부모들이 아이들에게 다정하게 이야기하고 칭찬을 해주려고 노력하는 분위기로 많이 바뀌어왔다. 하지만 클리닉에서 상담을 하거나 강연회 등을 통해서 듣게 되는 사연들에서, 많은 경우 부모님들이 칭찬을 '잘못하고' 있는 일이 많았다. 잘못된 칭찬은 도리어 아이에게 독이 된다.

첫 번째 문제는 '평가'의 의미를 준다는 것이다. "잘했어!", "점수가 좋네!" 같은 칭찬이 그렇다. 아이를 가만히 보고 있다가 점수를 잘 받거나 예의 바른 행동을 했을 때 하는 칭찬이 이러한 것들인데, 이런 칭찬은 오히려 아이의 '내적 동기'를 떨어뜨려서 수동적인 아이로 만들 수 있다. 이런 칭찬에 길든 아이는 이다음에 자라서 좋은 평가를 받을 것이 확실하지 않은 일에 도전하려고 하지 않는 성향을 갖게 된다. 좋은 행동이나 좋은 점수라는 결과에 초점을 맞출 것이 아니라 좋은 결과를 가져오기까지의 과정, 좋은 행동을 하는 것을 본 부모의 마음에 초점을 맞추는 것은 올바른 칭찬법이다.

두 번째 문제는 '똑똑하다'는 칭찬이다. "너 정말 똑똑하구나"는 겉으로 보기엔 좋은 말이지만 아이 입장에서는 똑똑한 것은 본인이 노력해서 된 것이 아니기 때문에 어떻게 하면 똑똑할 수 있는지를 모른다. 그래서 자신이 똑똑한 것이 아니라는 사실이 밝혀져서 다른 사람들의 칭찬이 사라지는 상황을 회피하려 한다. 바로 이 심리가 아무리 똑똑하다는 칭찬을 들어도 조금만 복잡하거나 어려운 문제는 풀기 싫어지는 마음인 것이다. 똑똑한 것보다는 노력하고 도전하는 행동을 칭찬해주는 것이 더 좋다.

완해줄 조력자로 부모님을 믿고 의지한다는 것을 기억하자.

셋째, 권위적 부모다. 권위적 부모는 아이에게 일정한 자율을 인정해주기에 가장 이상적이라고 하겠다. 흔히 통제형 부모를 '권위주의적 부모'라고도 하는데, 올바른 권위적 부모라면 통제형 부모와는 달리 항상 옆에서 지켜봐주고, 결정적인 순간에는 도움을 주거나 의사결정을 하지만 아이가 스스로 잘할 수 있는 기회를 주는 부모다. 결정의 권한은 가능한 한 자녀에게로 이양하지만 정보는 항상 잘 전달되는 관계가 권위적 부모가 아이와 갖는 관계다.

부모-자녀 관계는 하루아침에 만들어지는 것이 아니다. 아이가 어렸을 때부터 꾸준히 관심을 보여주고, 무엇보다 '대화의 통로'를 유지해야 한다. 항상 아이가 말을 많이 하게 해야 한다. 위험해 보이는 일에 대해서 이야기를 할 때에도 부모가 결론을 내리기보다 자녀의 추론 과정을 잘 따라가주는 것이 중요하다. 또한 부모가 아이에게 좋은 모델이 되어주어야 한다. 특히 감정을 솔직하게 표현하는 법, 상대를 비난하지 않고 말하는 법을 보여주는 것이 아이의 정서 조절을 위해서도 매우 필요하다.

학교에서의 역할

요즘에는 학교에 상담교사도 배치되고, 정신건강에 대한 선생님들의 인식도 높아지고 있다.

학교에서 권유를 받아 클리닉을 방문하는 경우를 보면, 학교에서 상담을 권유하는 이유에 대해서 부모님들이 잘 이해하고 받아들이고 있고, 그 이유 역시 상당히 합당하면서도 구체적이다. 이런 경우는 아이를 도와주기가 훨씬 쉬운데 학교를 아주 유용한 자원으로 활용할 수 있어서다. 학생에 대해서 선생님과 정보와 의견을 교환할 수 있기 때문이다.

그런 의미에서 나는 학교에서 요청하는 강의는 최대한 나가려고 노력하는 편이다. 특히 선생님들을 대상으로 하는 경우에는 꼭 가려고 한다. 꼭 무슨 도움을 주기보다 선생님들이 어려워하는 학생들에 대해서 파악하고, 판단하기 어려운 아이의 심리나 행동적 증상들에 대해 이야기를 나누는 것만으로도 충분히 의미가 크기 때문이다.

반면, 아직도 믿기지 않는 말과 행동을 하는 선생님이 있는 것도 사실이다. 일부 상담교사의 경우는 아직 경험이 미숙해서인지 큰 역할을 하지 못할 때도 있다. 내가 이 책에서 계속 이야기하고고 싶었던 것은 아이들은 전부 다 다르다는 사실이다. '이런 아이들은 이런 게 비슷하니까 이런 식으로 보고 이렇게 대하면 된다'는 말을 하고 싶은 것이 아니다. 일선 학교에서 선생님들이 학생을 대할 때 가장 먼저 가져야 할 자세는 아이 한 명 한 명이 모두 다른 인격체라는 것을 기억하고, 어떤 아이가 문제 행동을 할 때 단순히 결과만을 보고 꾸짖을 것이 아니라 그 학생이 이상 행동을 할 수밖에 없는 배경에 대해 고민하는 자세다.

우리나라 사람들에게는 참 이상한 면이 있다. 온 국민이 이렇게 혈액형별 특성을 믿는 나라가 또 있나 싶다. 요즘에는 MBTI가 그 역할을 대신하고 있다. 우리는 개인의 고유한 성향이나 맥락은 뒷전이고, 네 글자 유형 안에 상대를 끼워 맞추려는 경향이 강하다. 서로 다른 아이들의 차이를 문제로 보기보다는, 그 차이에서 교육이 시작되어야 한다는 인식이 더 널리 퍼졌으면 한다.

예전에 〈영재의 비법〉이라는 프로그램에 참여해서 놀라운 경험을 한 적이 있다. 우리나라의 전형적인 아이들 5명을 상대로 지능 검사와 창의성 검사를 했는데, 지능이 평균인 아이도, 140을 넘는 우수한 아이도 창의성은 모두 하위, 혹은 최하위로 나타났다.

학원, 학습지만 고민하고 아이가 정서적으로 밝고 자율적으로 사고하도록 키우는 데에는 우리 가정과 사회가 너무 소홀한 것 같다. 우리에게 진정 필요한 인재는 시키는 일만 잘하는 기계 부속품 같은 청년들이 아니라 정서적 안정을 바탕으로 융통성을 발휘하는 창의적 인재임을 우리 모두 잊이시는 안 되겠다.

행복한 마음이 뛰어난 뇌를 만든다

지금까지 우리는 학습에 있어서 유전적 정보에 의해서 만들어진 신경세포들의 덩어리인 뇌의 특징과 기능을 중심으로 효과적인 뇌 기능 향상과 학습 전략을 살펴보았다. 운동으로 비유하자면 축구 시합을 이기기 위해서는 축구를 잘해야 하고, 축구를 잘하려면 어떤 근육들이 발달해야 하는지 알아야 하고, 그 근육들을 키우려면 어떤 운동을 해야 하는지 알아보았다.

하지만 그러다 보니 한 가지 제일 중요하고 근본적인 것에 대한 질문을 나누어보지 못한 것 같다. 바로 공부의 즐거움이다.

많은 사람들이 공부는 즐거울 수 없다고 생각한다. 특히 지금 초·중·고등학교를 다니는 학생들 중 많은 수가 그렇게 생각할 것이다. 그러나 내가 만나본 아이들 중에서도 분명 공부가 너무 재미있다고 이야기하는 아이들이 있다. 부모님들도 언젠가 '이거 재미있네' 하는 경험을 한 적이 있을 것이다. 공부는 틀림없이 즐거울 수 있는 행위다.

예전에 6학년이 되는 아들이 나와 함께 수학 공부를 하면서 문제를 풀다가 "잘 풀리니까 수학이 재미있기도 하네"라고 혼잣말처럼 중얼거렸다. 나는 그 순간이 무척 감사했다. 늘 "아빠, 솔직히 공부가 어떻게 재미있을 수가 있어? 아빠는 재밌어?" 하던 아들이 한순간 진심으로 성취감과 지적 즐거움을 느낀 것이다. 그 마음이 자주 들고, 오래 지속되게 하는 것은 또 부모로서 나의 임무겠지만 적어도 공부가 재미있을 수도 있다는 것을 아들이 기억하길 바랐다.

<mark>사실, 학습 클리닉을 운영하면서 알게된 것 중 하나는 많은 아이들이 학습 동기가 없어서 공부를 안 하게 된 것이 아니라 마음에 상처를 받아서 공부를 안 하게 되는 경우가 더 많더라는 사실이다.</mark> 그 상처라는 것도 결국 공부를 잘 못해서 받게 되는 상처였다. 스스로의 기대에 못 미치는 실망, 부모의 기대에 대한 부담감, 학교에서 선생님이나 친구들로부터 인정을 받지 못하는 것, 이런 것들이 모두 상처가 되어서 공부가 더 하기 싫어진 것이다.

이렇게 공부에 자신이 없어진 아이들은 꿈조차 꾸지 않았다. 하지만 공부에 자신감을 되찾고 공부를 잘하게 된 이후, 자신을 높이 평가하고 스스로를 아끼고 해낼 수 있다고 믿게 되면서 비로소 꿈을 갖는 아이들도 그동안 많이 만나왔다. 꿈이 생겨서 공부하는 게 아니라 공부를 잘하게 됨으로써 꿈이 생긴 것이다.

그래서 요즘은 공부를 안 해서 부모 손에 이끌려 클리닉을 찾아오는 아이들에게 가장 먼저 하는 일이 공부가 힘들어진 순간을 찾는 것이다. 그리고 거기서부터 지금으로 시간을 거슬러 올라온다. '백 투 더 퓨처.' 자녀를 위해 이 책을 읽은 부모님들, 또 제자나 다른 누군가를 돕고자 이 책을 펼쳐보신 분들께 제안한다. 공부하기 싫어서 안 하는 사람으로 보지 말고 하고 싶은데 잘 안 돼서 못하는 사람으로 바라보자. 꿈도 없이 사는 한심한 인생이 아니라 꿈도 꾸지 못하는 힘든 상황이라고. 이 책을 읽은 사람이 학생 본인이라면, 스스로가 아무것도 할 수 없는 사람이 아니라 어떻게 해야 할지 잠시 길을 잃었다고 생각했으면 좋겠다. 아무리 어두운 밤이라도, 아무리 넓은 사막 한가운데라도 우리가 힘을 모으면 물가를 찾아갈 수 있을 것이므로.

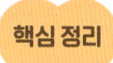 **핵심 정리**

1. 정서가 무너지면 뇌는 학습을 멈춘다.

아이가 우울한 상태에 빠지면 대뇌피질의 포도당 소모량이 줄어들어 뇌 활동이 눈에 띄게 저하된다. 이런 상태에서 복잡한 사고나 깊이 있는 학습은 불가능하다. 감정이 닫힌 상태에서는 아무리 오래 공부해도 성적 향상을 기대하기 어렵다. 정서적 안정은 지능보다 더 핵심적인 학습 기반이다.

2. 감정은 뇌의 '스위치' 역할을 한다.

편도체는 두려움을, 해마는 기억을 담당하며 감정과 학습을 긴밀히 연결한다. 감정 조절이 제대로 이루어지지 않으면 뇌는 마치 꺼진 전등처럼 제 기능을 발휘하지 못한다. 특히 스트레스는 장기 기억 저장과 학습에 핵심적인 역할을 하는 뇌의 해마를 손상시킬 수 있다.

3. 운동은 뇌 기능을 활성화한다.

운동 후 혈류량 증가로 기억력과 집중력이 높아진다는 연구 결과가 다수 존재한다. 간단한 아침 체조만으로도 각성도를 높여 학습 준비 상태를 개선할 수 있다.

4. 부모의 양육 태도는 아이의 학습 태도에 직접적인 영향을 미친다.

부모가 결론을 먼저 내리지 않고 아이의 사고 과정을 따라가주는 것이 중요하다. 감정을 솔직하고 비난 없이 표현하는 부모는 아이의 정서 안정 모델이 된다. 칭찬할 때는 결과보다 과정에 초점을 맞춰야 한다. 점수 중심, '똑똑하다'식의 칭찬은 내적 동기를 떨어뜨리므로 아이의 노력과 도전 자체를 칭찬해야 학습 지속력이 생긴다.

5. **정서적 안정은 결국 창의성, 학습력, 사회성의 토대가 된다.**
아무리 지능이 높아도 정서적으로 불안정하면 창의성이 떨어진다. 정서적으로 밝고 자율적으로 사고할 수 있는 환경이 아이의 공부 뇌를 자라게 한다. 즐거움이 학습의 본질이 되어야 하며, 공부가 즐거운 아이가 꾸준히 몰입하여 공부할 수 있다.

6. **정서적 지지와 긍정적 경험이 '공부 뇌'를 만든다.**
아이의 행복한 마음은 뇌의 학습 회로를 활성화하고 성취 경험을 강화한다. 이는 유전이나 지능보다 훨씬 근본적인 학습 기반이다.

아이의 무한한 잠재력을 키우는
듬직한 정원사처럼

아이의 학습 성장은 마치 아름다운 정원을 정성스럽게 가꾸는 여정과도 같습니다. 부모가 계절에 맞는 영양분(세심한 관심과 적절한 지원)을 적시에 공급하고, 최적의 생장 환경(긍정적인 학습 분위기)을 조성하며, 때로는 불필요한 가지를 섬세하게 정리해주는(적절한 개입과 발전적인 조언) 정성 어린 노력을 기울일 때, 아이가 지닌 무한한 잠재력이라는 소중한 씨앗은 놀라운 속도로 성장하여 세상에서 가장 아름다운 꽃을 피워낼 수 있습니다.

이 섬세한 과정에서 가장 중요한 핵심은 부모의 '적절한 개입'입니다. 지나치게 많은 개입은 아이의 소중한 자율성을 해치고, 너무 적은 개입은 성장의 방향성을 잃게 만들 수 있습니다. 마치 정원사가 식물의 특성과 생장 단계를 고려하여 적절한 양의 물을 주는 것처럼, 아이의 개별적인 성장 단계와 고유한 특성을 깊이 이해하고 고려한 균형 잡힌 지원이 필요합니다. 때로는 따뜻한 격려의 말 한마디가, 때로는 함께 몰입하는 소중한 학습 시간이, 그리고 때로는 성장을 위한 적절한 도전 과제를 제시하는 것이 아이의 잠재력을 끌어내는 강력한 촉매제가 될 수 있습니다.

특히 강조하고 싶은 점은 이러한 학습의 여정이 아이에게 결코 고통스러운 과정이 되어서는 안 되며, 오히려 즐겁고 의미 있는 성장의 탐험이 되어야 한다는 점입니다. 부모의 깊은 이해와 변함없는 지지 속에서 아이들은 자연스럽게 호기심을 마음껏 발휘하고, 실패를 두려워하지 않으며, 스스로 학습의 진정한 즐거움을 발견할 수 있습니다. 이러한 긍정적인 경험은 단순한 학업 성취를 훨씬 넘어서서 평생 학습자로서의 건강하고 풍요로운 태도를 형성하는 견고한 근간이 됩니다.

중요한 것은 학습이 결코 단순한 직선적인 과정이 아니라는 점을 깊이 이해하는 것입니다. 때로는 빠르게 성장하고, 때로는 천천히 나아가며, 때로는 겉으로 보기에 잠시 멈춰 있는 것처럼 보이더라도, 이 모든 순간과 과정이 아이의 성장에서 필수불가결한 소중한 일부라는 것을 항상 기억해야 합니다. 마치 웅장한 나무가 겉으로 보이지 않는 깊은 뿌리를 먼저 튼튼하게 내리는 것처럼, 아이의 학습 능력도 때로는 눈에 보이지 않는 곳에서 천천히, 하지만 확실하고 견고하게 성장하고 있을 수 있습니다.

결국 부모의 진정한 역할은 단순한 학습 관리자나 감독자가 아닌, 아이의 무한한 잠재력을 세심하게 발견하고 끊임없이 키워주는 '성장의 든든한 동반자'가 되는 것입니다. 이러한 신뢰와 존중이 깃든 동반자적 관계 속에서 아이들은 자신의 예상된 한계를 훌쩍 뛰어넘어 놀라운 폭발적인 성장을 이룰 수 있으며, 이는 단순한 학업적 성취를 넘어서서 평생 학습자로서의 건강하고 균형 잡힌 자아를 형성하는 데 결정적이고 견고한 토대가 될 것입니다.

우리의 소중한 아이들은 무한하고 놀라운 가능성을 가진 특별한 존재입니다. 부모의 적절하고 일관된 지원과 깊은 이해, 그리고 끊임없는 관심과 조건 없는 사랑이 있다면 모든 아이는 자신만의 고유한 속도로, 자신만의 특별한 방식으로, 하지만 분명하고 건강하게 성장해 나갈 것입니다. 이것이 바로 우리가 '최고의 학습 전략가'로서 매 순간 마음에 새기고 실천해야 할 가장 소중하고 핵심적인 진리입니다.

참고자료

American Academy of Pediatrics. (2017). Digital screen media and cognitive development. *Pediatrics*, 140(Suppl. 2), S57–S61. https://doi.org/10.1542/peds.2016-1758E

American Psychological Association. (2022). "Social media and teens: Risk and recommendations". https://www.apa.org/topics/social-media-internet/health-advisory-adolescent-social-media-use

Bekhtereva, N. P., Dan'ko, S. G., Starchenko, M. G., Pakhomov, S. V., & Medvedev, S. V. (2001). Study of the brain organization of creativity: III. Brain activation assessed by the local cerebral blood flow and EEG. *Human Physiology*, 27(4), 390–397. https://doi.org/10.1023/A:1010909400989

Bustamante, J. C., Guzmán, J., López, V., & Ponce, C. (2023). Relation between executive functions and screen time exposure in preschool children. *Computers in Human Behavior*, 153, 108870. https://doi.org/10.1016/j.chb.2023.108870

Children and Screens: Institute of Digital Media & Child Development. (2021). "Early childhood mental health and media use." https://www.childrenandscreens.org/learn-explore/research/early-childhood-mental-health-and-media-use/

Haidt, J. (2025. 1. 4). How smartphones are rewiring our children's brains. *The Times*. https://www.thetimes.co.uk/article/jonathan-haidthow-we-can-save-our-children-from-smartphones-d9f2cgs20

Huttenlocher, P. R. (1979). Synaptic density in human frontal cortex—Developmental changes and effects of aging. *Brain Research*, 163(2), 195–205. https://doi.org/10.1016/0006-8993(79)90349-4

NewYork-Presbyterian Hospital. (2023). What does too much screen time do to children's brains?, *Health Matters*. https://healthmatters.nyp.org/what-does-too-much-screen-time-do-to-childrens-brains/

Ovalle, D. (2025. 6. 29). Is AI rewiring our minds? Scientists probe cognitive cost of chatbots. *The Washington Post*. https://www.washingtonpost.com/health/2025/06/29/chatgpt-ai-brain-impact/

Sina, E., Buck, C., Ahrens, W., Coumans, J. M. J., Eiben, G., Formisano, A., Lissner, L., Mazur, A., Michels, N., Molnár, D., Moreno, L. A., Pala, V., Pohlabeln, H., Reisch, L., Tornaritis, M., Veidebaum, T., Hebestreit, A., & I. Family Consortium. (2023). Digital media exposure and cognitive functioning in European children and adolescents of the I.Family study. *Scientific Reports*, 13, 18855. https://doi.org/10.1038/s41598-023-46023-1

Walter, Y. (2024). Embracing the future of artificial intelligence in the classroom: The relevance of AI literacy, prompt engineering, and critical thinking in modern education. *International Journal of Educational Technology in Higher Education*, 21, Article 15. https://doi.org/10.1186/s41239-024-00463-1

공부 뇌는 만들어진다

초판 1쇄 발행 2025년 11월 10일

지은이 노규식

발행인 윤승현 단행본사업본부장 신동해
편집장 김예원 책임편집 김서영
표지 디자인 this-cover 본문 디자인 최희종
마케팅 최혜진 이은미 홍보 송임선
제작 정석훈

브랜드 웅진지식하우스 주소 경기도 파주시 회동길 20
문의전화 031-956-7212(편집) 02-3670-1123(마케팅)
홈페이지 www.wjbooks.co.kr
인스타그램 www.instagram.com/woongjin_readers
페이스북 www.facebook.com/woongjinreaders
블로그 blog.naver.com/wj_booking

발행처 (주)웅진씽크빅
출판신고 1980년 3월 29일 제406-2007-000046호

ⓒ노규식, 2025

ISBN 978-89-01-29873-3 03590

웅진지식하우스는 ㈜웅진씽크빅 단행본사업본부의 브랜드입니다.
저작권법에 의해 한국 내에서 보호를 받는 저작물이므로 무단 전재와 무단 복제를 금합니다.
책 내용의 전부 또는 일부를 이용하려면 반드시 저작권자와 ㈜웅진씽크빅의 서면 동의를 받아야 합니다.

· 책값은 뒤표지에 있습니다.
· 잘못된 책은 구입하신 곳에서 바꾸어 드립니다.